「つながり」を育み授業を愉しむ

園田雅春
sonoda
masaharu

解放出版社

装丁◉森本良成

はじめに

「学級づくり」と「授業づくり」の高度一体化。本書はこれの実践的な達成のために編まれている。キーワードは「つながり」と「愉《たの》しむ」である。

さまざまな子どもたちが通う今日の学校。その晴れ舞台で、一人残らずすべての子どもが、とりわけ困難な状況にある子どもが、仲間とともにエンパワーするためには一にも二にもつながることが欠かせない。教師と子どもがつながる。子どもと子どもがつながる。子どもと教師と学習材（ひと・こと・もの）がつながる。学びと育ちはそこから始まる。授業もつながりが豊かでなければ深まらない。

つながりとは、離れていたものと、ものとの間に関係性ができることだ。それは最初から円滑に形成されることなど稀《まれ》である。苦しみが伴う。よろこびも生まれる。教室でそれらを共有しながら、学級という快適な社会を形成していくことが「学級づくり」である。

子どもには他者とのつながりを果敢に築いてほしいものだ。「同質」と見なした者同士で群れるのではなく、「異質」と見ていた他者と出会い直して、つながるよろこびを実感してもらいたい。そのとき、いまの自分から脱皮できる。世界が広がる。まさにエンパワメントだ。

では、子どもと子どもがつながるための方法やいかに。この点については、愉しみながらつながりを育むための具体的な方法論を各章随所に展開している。

もうひとつのキーワードについて、本書では意図して「愉しむ」と表記している。「楽しむ」は、わいわいガヤガヤと楽をしてにぎやかにたのしむという意味合いが濃い。それよりも、互いにこころのしこりを抜き取り、さまざまなわだかまりから解放されてよろこびをともに味わう。その意味を込めて「愉しむ」を好んで使っている。

天災、人災、その他さまざまな災禍が絶えない現代だ。教育現場では職務内容がますます多岐にわたり、多忙を極めている。一方、子どもたちは生まれた家庭の社会的経済的な背景によって、自分の将来まで大きく規定されてしまいがちな「教育格差」という「厄災」下にある。

ゆったりと、たおやかに充実感を味わいながら教育という仕事に打ち込みたいものだ。しかし、現実の歯車は逆回転していると言わねばならない。だからこそ、胃をキリキリと痛めるよりも開き直ろう。あえて、いまこそ「仕事を愉しまなくっちゃ」と、顔を上げ、深呼吸しようではないか。新しい空気を胸いっぱい吸おうではないか。現実から目をそらすことを促すわけではない。子どもたち・同僚たちとともども、きびしい現実を半歩でも一歩でも打開していくための底力。これを互いに元気よく発揮したいものである。

その一助として、本書を愉しみながらひも解いていただきたい。

内容は三七のエッセイ風短編「読み物」と、ひとつのやや長い「読み物」で構成されている。その第一章から第四章までは月刊誌『部落解放』（解放出版社）に連載したものを大幅に加筆して編纂《へんさん》。とくに、第三章では「人権・道徳の授業」に焦点化して、教材研究についても具体的に例示している。取りあげた教材は小・中学校で定番のものがほとんどである。しかし、これらの教材解釈や授業展開までもが定番化・定式化してはいないだろうか。旧態依然とした扱いをしていないだろうか。定番教材の読み方の角度を少し変えるだけで、授業がおもしろくなる。子どもの学ぶ意欲も格段に変わる。そのことを強く期待し、新しい風を吹き込むために第三章を設けている。

どのページからでも気の向くままに読んで、明日への活力を養っていただければ幸甚である。さいごに、本書を上梓《じょうし》するにあたり解放出版社編集部の小橋一司さんをはじめ、多くの方々にたいへんお世話になった。深く感謝いたします。

二〇二一年六月

園田雅春

「つながり」を育み 授業を愉しむ●もくじ

第二章　授業づくりを愉しむために

第三章　「人権・道徳の授業」と教材研究を愉しむために——

第五章　「つながり」を育み 授業を愉しむ方法　173

第一章 「つながり」を育む学級づくり

さらば「エレベーター集団」

子どもがつながる学級・集団。これをみんなでつくり上げたい、愉《たの》しみながら——。

そう思ってはいても多忙な日々の連続。時間の制約、さまざまな子どもたちを前にして、ことは簡単には運ばない。でも、大丈夫。ゲートは広く、奥は深いけれど、確かな視点と柔軟なハンドルさばきを身につけると、子どもたちがつながる感動の学級ドラマは必ず生まれる。

そのような確信をもって、きょうは三重県南部で開かれた研究集会で講演。そこでは「学級づくり」「なかまづくり」がなぜ大切なのか、という若手教師から事前に寄せられた基本的で本質的な問いにも精いっぱい答えたつもりだ。

「なぜ大切なのか」。この問いはとても新鮮で、こちらも再整理ができてありがたかった。「学級づくり」「なかまづくり」の今日的な重要性とその具体的な方法について、大学で精緻に学ぶ機会はほとんどない。ところが、教育現場ではそれが欠かせない。先輩教師から「学級づくりが大事だ」「集団を育てなければ」などと聞かされ、若手は戸惑うばかりなのだろう。

一方、教室では子どもたちが思うようには動いてくれず、授業の展開もままならない。そうなると、若手の多くが傾くのは「クラスをしっかりまとめなければいけない」「こちらの話を聴くように指導を徹底しなければならない」という方向性と技術だ。かくして学級の管理と、子どもの言動の統制がはじまる。

「大きな声を張り上げて、頭ごなしに子どもを叱りつける若い教員が多くて気になっています」

これは若手ではない教師や管理職から昨今よく耳にする。若手からすれば、声を張り上げることで子どもが自分に従ってくれたと思い込んで、ついつい味を占めてしまうのか。

しかし、「学級づくり」「なかまづくり」は、子どもを管理するための道具ではない。そもそも学級はまとめるものなのか。

では、何のために「学級づくり」「なかまづくり」をするのか。なぜ、それが大切なのか。あらためて考えると深い問いである。そこで「学級づくり」「なかまづくり」のあるとき、ないとき。この両面から考えてみればどうだろう。

ないとき。教室のなかは、たまたま乗り合わせた客同士のような「エレベーター集団」に例えることができる。視線は合わせず、相互のコミュニケーションもない。よそよそしい空気が漂い、ひたすら扉が開くのを待つだけ。

このような赤の他人同士の集合体にすぎない関係性のなかで、授業が展開されてもそこに学び合いはない。他人の意見には関心もない。授業は情報の個別提供の場となり、情報を貯《た》め込む力のある者は貯め込み、それができない者はできないままの状態に。結果として、学力格差は拡大するばかり。教師が格差助長の加担者となってしまう。

授業だけではない。「学級づくり」「なかまづくり」の営みがないとき、すべての教育活動は破綻してしまう。たとえば「二分の一成人式」という行事。これを実施するにあたっては細心の配慮や準備が必要なことは言うまでもないが、これまで多くの小学校では四年生時に取り組まれてきた。

この行事に参加したある保護者の声を深刻に受け止めたいものだ。

「特に全員が仲が良いわけでもないたまたま同じクラスにいるという人々の前で、なぜ、子供が親への感謝の手紙を読んで、親が子供へのメッセージを読む必要があるのか?と疑問だった」(朝日新聞 二〇一七年六月二六日 朝刊)

先ほど「エレベーター集団」と表現したが、この保護者にしてみれば、まさに「他人同士が乗るエレベーターのなかで、どうして家庭内のプライベートな問題をオープンにしなければならないのか」と、理不尽さを感じてしまうのは当然だろう。

「全員が仲が良いわけでもないたまたま同じクラスにいる」というだけの間柄。このような実状こそ見過ごせないポイントである。もし、それとは対極の学級集団だったら、この保護者も「二分の一成人式」の意味を一定理解し、内容によっては高く評価して応援する立場にあったはずだ。

では、「エレベーター集団」と対極の学級集団とはどのようなものか。それは「ク・ラ・ス集団」である。授業中であれ、学校行事のなかであれ、苦《ク》と楽《ラ》を吸《ス》い合って、共にくらす自立的な自治集団だ。

このような仲間意識の高い集団がおこなう学校行事であるなら、保護者から冷ややかな声が発せられることはないはずだ。行事などの見直し作業と合わせて、近年「二分の一成人式」は廃止や内容を大幅に改善している学校も少なくない。仲間と共に育ち、未来を頼もしく語り合う子どもの姿を目の当たりにできるなら、保護者の支持も得られるはずである。

そう考えると「学級づくり」「なかまづくり」は、多様な個性を持つ子どもたちの間にバイパスを築く地道な営みと考えることができる。問題はその方法である。だが、お手軽な方法などない。子どもと汗を流し、涙を流し、大笑いもして、まさに苦楽を共にしながら一年がかりで築き上げるものなのだ。

しかし、その有効な糸口はつねに目の前に芽吹いていることも確かである。

子どもを「信じて、頼る」

経験七年目の教師から、次のような相談を受けた。

「子どもの自主的な活動を保障しながらも、学校やクラスのルールを浸透させていくには、どんな方法やタイミングが大事でしょうか」

この春、はじめて六年生を担任するという。子どもの自主性を尊重したい。同時に、ルールは遵守《じゅんしゅ》してほしい。担任として、板挟みのような気持ちになっているのだろう。誠実な悩みだ。

しかし、本気で子どもの自主性を重んじたいなら、悩む必要はない。「ルールを遵守すること」も、子どもの自主的な活動の一環。そう考えるべきだ。したがって、悩むのは教師ではない。当事者の子どもであってほしい。

「ルールを浸透」させることは教師の任務。そのように思い込んでいると、自分の手のひらに子どもを乗せておきながら、「自主性」を保障したつもりになっていることが多い。

「さあ、みんな。自主的な活動を積極的に」

そう言いつつ、枠からはみ出すと、すぐさま教師が乗り出してバッサリ。このような文化を、私の師匠は「手のひら文化」と称して鋭く批判した。

子どもにとって正当な納得のいくルールは、他者から浸透させられるものではない。自主的に仲間と浸透し合うもの。そうありたいものだ。そうあるべきである。

このような考えに至ったのは、師匠の影響と、もうひとつ。それは二〇代のとき、当時全国的に活躍していた教育評論家Jさんの話に感動したからだ。

Jさんのお連れ合いが、地域で子ども会活動をしていたときのこと。敬老の日に、今年は何をプレゼントしようかと、子どもたちに持ちかけた。すると、花たば・工作・感謝状・クッキー……。さらには、入れ歯・つえ・棺桶《かんおけ》という意見が出たのだ。

そのとき、お連れ合いは表情ひとつ変えずに、子どもの意見をすべて板書。意見が出尽くしたところで、子どもたちにどれに決めますか、と問いかけた。すると、不適切な意見はほかの子どもから厳しい指摘がつづいて、結果的に取り下げられた。

おとなが目くじらを立て、ルールやマナーを浸透させようとするよりも、子どもたち自身が考え合う。その場と機会を保障する。おとなは耐えてその役目に徹する。結果的に子どもたちの意思で妥当な結論が導かれたのである。

このエピソードはJさんから直接聞いたものだが、若い私には新鮮だった。ハッとさせられた。

子どもを信じて、頼る。これを「信頼」という。子どもは信頼に値する存在である。こちらにその信念がないかぎり、子どもが信頼に応えてくれるはずがない。

それでも裏切られることはあるだろう。しかし、そのときこそ、しみじみと語る好機の到来なのだ。

「信じてたんだけどなあ……」と。

子どもは義理も人情も受け止めることのできる人間だ。それをわすれるわけにいかない。ただし、納得のいかないルールまで、互いで浸透し合って忠実に守る。そのような子どもには育ってほしくない。

典型例が「マスクは白に限る」というものだ。いくつかの県の学校では、このルールが幅を利かせていたらしい。しかし、新型コロナ禍のため、白いマスクは品切れ状態に。とうとう「白以外の色や柄付きのものも認めるよう」に、県教委が県立学校に周知したという。

それ以前に、子どもの正当な願いが尊重されてしかるべきだった。

学校はしばしば「指導」という名のもとに、子どもが自ら考え、対話を深める機会を奪ってきた。「なぜ」という問いをいだくこともなければ、納得のいく根拠が示されるわけでもない。決まりに従い、決まりが上から変更されると、またそれに従順であるところが学校。

そうなってしまえば、学校は「よりよく生きるための基盤」を養うどころか、物言わぬ人間を育てる装置と化してしまう。

これは選挙権を有していても投票に行かない若者が多いこととも関係する。

「いままで学校が私たちのことを、こと細かく決めてきたのに、一八歳になるといきなり自分で選びなさい、決めなさい、投票しなさいと言われても、それはムリです」

こんな人間にだれがした。そのように叫びたい若者の悲痛な訴えではないだろうか。

しかし、確かな光も見えている。

「自分たちが新型コロナウイルスを広めてしまってはいけない」と、高校生が臨時休校を要求。インターネット上などで署名活動を全国的に展開し、多くの賛同を得ている。

このような意見表明や自主的な活動とその成果が、若者に健全な市民性をはぐくんでいくことはまちがいない。

衝撃的な「学級通信」

授業を終え、湖西《こせい》線の各駅停車に乗りこむ。決まったようにして左側の窓ぎわへ。そこで琵《び》琶《わ》湖《こ》の穏やかな湖面をじっと眺めつづける。

そのひとときが小さなよろこびだ。混雑のない車内。その座席は自分にとって、もうひとつの居場所といっても過言ではない。手応えが感じられる授業を終えた日は、とくに、そこが心地よい居場所となる。

昨日の授業もそうだった。学生たちは大したものだ、と終始うなずくばかりだった。

学級通信は、たかが一枚のペーパー。されど貴重な一枚なのだ。教師と子ども、子どもと子ども、さらには保護者をもつなぐ学級の「重要文化ボンド」である。そのことを具体的に理解するため、神奈川の中学校教師Aさんの取り組みに学ぼうというのがその日の眼目。

はじめに、自分が小中高生のとき、学級通信を毎日発行する担任がいた、という学生に手を挙げてもらった。

すると、一〇四人中六人の手が挙がった。約五・八％。一二年間でこの数字だから、とても少ない。それだけ現場は多忙化が進行しているのか。それとも「チーム学校」という流れで、足並みを下方にそろえる風潮が強化されているからだろうか。

さらに、問うてみた。自分たち子どもや生徒が、学級新聞を発行する活動が教室にあったかどうか。これには「あった」という学生はゼロ。

学級通信や学級新聞の発行は、軌道に乗ってくるとヤミツキになる。書くネタを探すために学校へ行くようなものだ。子どものやること・なすこと、表情もつぶやきも、何か記事になるものはないかと目も耳も「全開」状態。授業中も休み時間も、すべてがネタ探しだ。その分、子どもをよく観《み》るようになる。話を聴こうとするようになる。

学級に子ども新聞社があれば、発行号数の競い合いが始まる。お互いがライバル社だから、記事内容の磨き合いも起こる。紙面の隅にはＣＭ欄を設けて、こんなキャッチコピーを掲載。「新聞読むなら『先生新聞』 ハナをかむなら『子ども新聞』」

当然、子ども新聞社は怒り心頭。ライバル意識をむき出しにして奮い立つ。さっそく、次号にはＣＭ欄を作って反撃してくるからおもしろい。（衝撃があまりにも強すぎると思われる学級では表現に希釈や工夫が必要なことは言うまでもない）

新聞活動のこのような愉快さも学生たちに紹介しながら、授業はいよいよ本時のメインへ。

神奈川のA先生は、終わりの会で生徒たちに小さな紙を配る。それに生徒たちは「きょう一番腹が立ったこと。または、一番うれしかったこと」を数行なぐり書きする。そのなかから、いくつかを選び、コメントをつけて学級通信に掲載。翌日、それを配付することを日課としている教師だ。

A先生は学級通信・第二七号のトップ記事に、生徒Bの次のような衝撃的一文を掲載した。

〈女子ウザイ　死ンデほシイ〉

そして短いコメントを寄せている。

さて、自分が担任だったら、この一文にどのようなコメントを添えるか。学生たちに投げかけた。

五分後、グループ内で発表。そのあと「代表作」としてひとつを互選し、前に出てきて全体に発表してもらった。そのなかのいくつかを紹介してみよう。

「実際に、私もこのように思うことがあります。人間はイヤなことがあると、相手を憎んでしまう生きものです。しかし、自分が言われたり、書かれてイヤなことはしないでほしい。逆に、他人のいいことを紙に書ける人になってほしいです」

「そのように思うほど、つらく悲しいことがあったのですね。むかつくことがあったのですね。私はいつでも話を聞きます。何でも相談してください。どこをなおしてほしいですか。その女子にどう変わってほしいですか。

あとひとつだけ、ウザイ・死ンデは使わないでください」

「人はどうしても短所が見えてしまうものです。ふつうの人間がそうであれば、『自分だけ』人の長所を見つけるプロになるのもアリじゃないですか」

私より中学生とはるかに年齢の近い学生たちだ。よき姉として兄としての立場を思わせるような、共感的メッセージがつづいた。学生のなかには、この中学生にむけたコメントを書きながら、自戒する者もいたかもしれないが。

さて、担任のA先生はどのようなコメントを寄せているか。

「つらい文章だ。いったい何があったのか。でも、軽々しく『死ぬ』ということばを出してほしくないな。人間の命はかけがえのないものなんだ」

書き始めはすぐれて「受容的内容」。そのあとは過不足のない「要求的内容」がつづいており、絶妙なバランスで構成されている。そのような解説を加えた。学生たちはしきりにメモを取った。

それにしても学生たちのコメントは、Aさんのそれと遜色のないものばかりだった。

車窓から見える湖面の輝きがいつもよりいっそう目に映えた。

学級づくりの「手ほどき」

さまざまな子どもが集う教室。そこで一人の担任が、毎日、どのようにかかわることが大切なのか。とくに若い教師にとっては、学級を担任すること自体が大いなる「難事業」のはずだ。

大学では「学級担任論」「学級形成論」などの科目が開講されているわけではない。学級づくりの目的や、具体的な方法論はほとんど教育現場におまかせ。いや、丸投げ状態にある。

では、現場はどうか。都市部を中心に若手の教師が過半数を占めるような学校では、メンター（助言者）としての教師が少ないため「丁寧な手ほどき」は期待できそうもない。

それだけではない。「手ほどき」など求めようとしない若手教師が増えているのも現実だ。若手が自発的に集まって、学級づくりなどについて定期的に学習しているから、というのなら見上げたものだ。が、そのようなケースは稀《まれ》なこと。

学級づくりの重要性について、若手はどのように認識しているのだろう。

「学級づくりがうまくいっていれば、教師の授業が少々まずくても、子どもがどんどんいい授業をつくってくれる」

根拠の不確かな言説だが、これには共感。経験的にも納得できる。みんなでよく遊ぶ学級は、みんなでよく学ぶ学級でもある。子ども集団の質が、授業の質そのものを高めてくれるわけだ。若い教師たちは言説どおりの状態を満喫できているため、「手ほどき」など求めないのか。残念ながら、そうではない。若さを強みに、学級づくりが絶好調の状態にあるわけでもなさそうだ。

では、なぜ「手ほどき」を求めない教師が多いのだろう。先日、ある教頭さんと話をしていて、思わずうなずいてしまった。

「このごろの若い人は、妙なプライドを持っています」

妙なプライド。これが他者との間に垣根を築いてしまい、「手ほどき」など求めようとしないのだろう。だが、このプライドは同時に、不安や自信のなさを包み隠すための「ブラインド」でもあるのではないか。

学生を見ているかぎり、妙なプライドを持った若者が数多くいるとは思えない。むしろ逆で、教育現場に出ることに不安を感じている学生が多い。その裏返しとして「根拠なきプライド」で身を固めてしまうのかもしれない。

手もとに、何人かの若手教師が自分の学級について記したものがある。その一部を羅列的に紹介してみよう。

「学級のまとまり感があまりないように思う」

「リーダーがいない。先生がいないとダメな学級」

「一人ひとり感じ方が違うことに気づき、お互い認め合えるようになってほしい」

「お互いに他の児童に無関心なので、声掛けをしない。クラスの子の発言に対して無関心。反応が薄い」

「いま、学級のリーダーは先生がやっている」

「子ども同士がお互いに少しよそよそしいところがる。もめごとが少ない」

これを読んだとき、違和感を覚えた。なぜだろうと、しばらく考えてみたが、ひとつはこうだ。自分が担任する学級でありながら、まるで事態を対岸から眺めているように思えてならない。二つは「先生」という言い回しである。複数の教師がそう書いているのだが、子どもとの関係があまりにも「よそよそしい」と感じられてならない。

総じていえば、本人に当事者意識というものが見受けられないのだ。これはあまりにも冷めた目でコトを傍観している姿ではないか。一学期当初の学級がこのような状態というのなら、まだ理解はできる。しかし、これは三学期の学級のようすを記したものだ。

そもそも学級とは「まとめるもの」なのか。それは担任のご都合主義ではないのか。仮に「まとまり感」が必要と思うなら、自分はどのような手立てを必死になってあれこれ模索したのか。何のためのリーダーなのか。「先生」がリーダーにならなくてもよいクラスになるために、どのような試みを重ねたのか。お互いが無関心な状態では、日々の授業そのものが成り立たないはずだ。子ども同士が「よそよそしい」のはだれの所為《せい》なのか……。

もともと「学級」はない。あるのは教室や机などである。学級は子どもと教師が汗をかき、ときには涙を流し、うれし涙もこぼして、それらのすべてを愉《たの》しみながら一年かけてつくり上げるものなのだ。その営みを学級づくりという。学級は「ある」のではなく、つくって「なる」ものである。

授業づくりを乗用車の「前輪」とするなら、学級づくりは「後輪」だ。前輪後輪のどちらかを駆動させせないかぎり、車は前には進まない。

子どもに寄り添うという意味

「あなたは四年三組の担任です。担任になりきって、ある男子の日記に返事を書いてください」

学生にそう告げて、日記文のコピーを配付した。

戸惑いの表情を浮かべる者がほとんどだった。

「エッ、いきなり、と思う人もいるはず。しかし、教育現場はつねにいきなりなんです。ちょっと待ってよ、というわけにいかないことばかり」

強弁しながら、学生が日記文を一読するのを待った。

日記の内容はこれだ。

『先生へのおねがい。まださきの話だけどいつも新しい学年になったら、ほんとうはぼくのなまえは馬場（ばば）だけど、ばんばにしました。ぼくが五年になってばんばとよぶように次の先生にゆってほしいです。

先生にもはじめてのときは『ばば』とよばれました。そして、まい年みんなにわらわれました』

一人の子どもから、このような「要求」を突きつけられたのだ。私が小学校教師になって七年目。三年生、四年生と持ち上がった学級でのこと。

「バンさん、バンさん」と、だれからも親しまれ、学習も学級活動も非常に前向き。学級新聞社の編集長として、敏腕を振るうバンさんだった。

ところが、一週間後に修了式を控えた三月中旬。突然「ぼくのなまえは、ばばだけど……」と、日記に綴《つづ》ってきたのだ。これまでの、あの「バンさん」はいったいだれだったのか。急に別人が現れたようで、そのときの衝撃はいまでも鮮明によみがえってくる。

この心境も学生に伝え、いくつかの質問にも答えながら、担任として日記に返事を書くよう求めた。

ところが、「ばば」と呼ばれて、なぜ笑われるのか。理解できない学生が半数以上いた。広辞苑《こうじえん》には「ばば【糞・屎】（幼児語）大便、またはきたないもの」と記されている。現代の学生には耳慣れないことばのようだ。これには時の流れというものを感じたが、バンさんの切実な願いを理解してもらうため、「ばば」の意味をていねいに説明した。

ところが、驚きは別のところにあった。バンさんの「要求」に対して、学生はどのような返事を書いたか。

「わかりました。また、何かあればいつでも相談してください。私はいつでも味方です」

「わかったよ。それで馬場くんがいやな思いをしないのなら、次の先生にそう伝えておくね」

「そうでしたか。次の先生には『ばんば』って呼ぶように話をしておきます。そのことをクラスのみんなに話せなかったことは残念でしたが、それでも先生に言ってくれたことは君の成長だと思う」

「バンさんがもう嫌な気持ちにならないよう、次の先生に必ず伝えます。だから、安心してね」

受講生七三人のうち、一二人。約六人に一人がこのような返事を書いた。

子どもの気持ちを大切にする教師、子どもに寄り添う教師なら、このような返事を書くものだ。素直にそう思っている学生がこんなにもいるのかと思うと、驚きというより悲しくなった。

うなずける返事もあった。

「名前のことで笑われたのは、とてもつらかったと思います。しかし、本当の名前で五年生になってほしいと思います。一度二人でお話ししましょう」

「バンさんは悪くない。だから君が変わる必要はない。変わるべきなのは周りのみんなだ」

バンさんに問いかける学生もいた。

「次の先生に伝えるのもいい方法だけど、それって逃げていることにならないかな」

先ほどの「わかりました。また、何かあればいつでも相談してください」と返事を書いた学生こそ、逃げの姿勢ではないのか。

それにしても学生たちの返事の「軽重」「差異」はいったいどこからくるのか。一言でいうなら「人権感覚の問題」といえるだろう。しかし、そのように言い切ったところで何も始まらない。

「問題」を前に進めるための手がかり。それは次の学生の返事にあるのではないか。

「先生（私）も小学生の時だれにも言えなくて、すごくつらい思いをしたことがあります。言えなかったことで、今でも後悔しているから、バンさんが勇気を出して書いてくれたことを絶対無駄にはしません。今度、直接話をさせてください」

自分自身のこれまでの実体験や生い立ちと重ね合わせて、子どもと肩を並べて誠実に向き合う。

それが子どもに寄り添うということの起点であり、それをつねに求められるのが教師という仕事なのだろう。

バンさんのいた学級の同窓会が近い。

「カッコいい」子どもたち

大阪府Ｉ市の中学校で道徳科の研究授業を観《み》る機会を得た。

事前に指導案が送られてきたが、生徒観の項目に書かれている内容が少し気になった。

「中学生になり、他者とのかかわりの中、自分がどう見られているのかについて、非常に気にする時期に差し掛かる」

もっともなことだ。が、そうであるなら、おそらく自身を語るような意見は出にくいだろう。授業者ばかりがしゃべりつづける授業になってしまうのではないか。

そのような懸念をいだきながら、教室に入った。主題は「個性の伸長」。教材は『ほんとうのカッコよさ』（作・大野靖之）。

真剣、一生懸命、手を抜かない、積極的、全力疾走、必死、一途《いちず》……。そのような姿勢こそ「ほんとうのカッコよさ」なのだ。手を抜く、サボる、さめる、しらけ……。これらは「カッコ悪いどころか、見苦しい」「かわいそうだなという気がする」

きわめて断定的。作者の強いメッセージで埋め尽くされた資料である。結びはこうだ。「何か夢に向かってがむしゃらにがんばっている人がいたら、どうかその人を笑わないでほしい。それこそそれはカッコ悪い行為だと思う」

がんばる姿を「ダサい」と嘲笑。そのような風潮が一部にせよあることは確かだ。そのために、作者はあえて挑発的なメッセージを発信したかったのかもしれない。

だが、この資料は「ほんとうに適切なもの」となっているだろうか。私にはそうは思えない。子どもの間に分断のクサビを打ち込むようなものになっているとさえ思えてならない。

作者のいう「カッコ悪い」人間を、さらに壁際まで追いつめて、いったいどうしようというのか。追いつめられた人間が、このメッセージを受け取ることによって、悔い改め、「カッコよくなろう」と、一念発起するだろうか。

いや、そのようなことまで望みはしないから、とにかく「カッコ悪い人間」よ、どうか「ほんとうにカッコいい人間」に構わないでくれ。このように聴こえてきてならない。

すきま風が吹き抜ける思いだ。

学校では、冷たいクサビを打ち込むのではなく、温《ぬく》いキズナを子どもたちがいかに形成していくのか。そのことに日々苦闘しながら、力を注いでいる。

作者自身の中学、高校時代は「ほんとうにカッコいい人」が多かったそうだ。もしかすると、作者は「カッコ悪い人」のほんとうの気持ちがわからないのではないか。「カッコ悪い人」がどのような気持ちでいるのか。なぜ、その人は「見苦しい」ふるまいをするのか。その背景を問い、多面的・多角的に考えを深めてもらいたいものだ。

本時の授業にもどろう。

「『カッコいい』と聞いて、どんなことが思い浮かぶだろう」

授業は生徒たちが持つ「カッコいい観」を訊《たず》ねるところから始まった。

芸能人、クラブの先輩、機能付きのシャーペン……。

朗らかな意見がつづいた。授業者は手際よく板書していく。そのとき、一人の女子が声を上げた。

「Aちゃんが手挙げてるでー」

生徒の指摘を受け、授業者はすぐさま男子Aを指名。Aは言葉をかみしめるようにしてこう述べた。

「困っている人を助けて、やり遂げられること（がカッコいい）」

Aは車椅子を必要とする生徒だ。

女子のさりげない指摘。Aの発言の意味深さ。周囲の温かいまなざし。授業の冒頭から、生徒たちの「カッコいい姿」に打ちのめされてしまった。

当初の懸念など、たちどころに消え去った。

後半で、授業者は「作者の考えについて、自分の納得度はどれくらいだろう」と問いかけた。

「一生懸命やっているのはカッコいい」

「失敗しても堂々としていることがカッコいい」

「あきらめない気持ちがカッコいい」

これらを理由に、作者の考えに納得できるという意見が比較的多かった。

その一方、次のような意見も。

「でも、生きてることがカッコいい」

「カッコつけなくてもいい。それがカッコいい」

「ありのままの姿がカッコいい」

本時主題の根幹にせまる意見だった。

時間の関係で、生徒同士が十分対話を深めることはできなかった。だが、担任と生徒の息は絶妙。多様な意見が気さくに出せる教室だった。

授業の質を支える学級風土の肥沃さを実感した。

第二章　授業づくりを愉しむために

その発言が気になった

ある「子どもの発言」が、ずっと気になっていた。

大阪府I市の小学校で道徳の研究授業がおこなわれた。学年は四年生。教材は『ともだちやもんな、ぼくら』（作・くすのきしげのり）。

男の子たちがクヌギの木に数匹のカブト虫を見つける。夢中になって取っていると家主の声が響いた。

「こらあっ！」

カミナリじいさんの怒鳴り声だ。三人はあわてて逃げた。が、真っ先に逃げたヒデトシが転んでしまう。ぼくとマナブは逃げきったものの、ヒデトシがいない。カミナリじいさんにつかまって大泣きしているにちがいない。助けに行こうか、どうしようか。二人は迷ったが、意を決してじいさんの家にもどる。すると、カミナリじいさんはこの二人の行動を笑顔で称《たた》えるという「お話」だ。

「自分だったら、友だちを助けに行くかどうか」

この問いかけに、四年生の子どもたちは熱心に応答。

「自分だったらおこられるのがこわいから、助けに行かない」

「友だちだから助けに行く」

「自分もやったから助けに行く」

「あやまりに行くけど、何もできない」

正直な意見がつづいた。そのなかで、女子Bさんがこんなことを言った。

「私だったら気にせず遊びつづける。そして、次の日『きのう、どうだった?』って聞く」

ためらうようすはなかった。その場に居合わせた私は、この発言をどう受け止めればよいのか戸惑った。いや、戸惑うというより、違和感を覚えたというのが正確なところだ。

Bさんはどのような人間関係のなかで育ってきたのだろう。人との「温《ぬく》い関係」に包まれる経験が乏しかったのか。その分、人への不信感を募らせているのだろうか。くらしの一面を垣《かい》間見《まみ》たようにも感じた。それにしても冷淡さが過ぎるのではないか。いや、こちらが想像する以上の修羅場をくぐってきたために「こんなカミナリじいさんごときで……」と、肝がドーンとすわっているのだろうか。

まわりの子どもたちから、反論めいた意見は一切なかった。ただ、救われることがひとつだけあった。

「気にせず遊びつづける」とは言うものの、次の日「きのう、どうだった」と訊《たず》ねるというのだ。まったくの無関心や、冷たく見捨てたままではない。気に掛けていることは確かだった。

考えようによっては、この教材はBさんのためにあるということができる。学級のただ一人の子どもを念頭に置いて、子どもたち全員で授業をすることも必要なこと。

そのようなことを思いつつ、ここ数日を過ごしていたのだが、先日、兵庫県の教育研究集会で、T市立小学校の報告を聴く機会があった。

この学校では社会科の学習をきっかけに、子どもたちが自治的活動の一環として「ユニセフ募金」に取り組むことになった。ところが、街頭に立つ日は天気に恵まれなかった。雨のなかでの募金活動。駅は一時間に一本しか電車が来ない。しかも、降りてくる客は学生ばかり。とうとう駅舎を離れ、各家々を訪ね歩いて募金活動をする子どもたち。これらの苦労が貴重な経験を生むことになる。

「工事のおじさんに声をかけたら、財布の中のお金を全部入れてくれた」

「市役所に来た人が、お金の持ち合わせがないと言うて、家まで取りに帰ってくれた」

「駅の近くの人が、貯金箱ごとくれた」

「スーパーではほとんどの人が釣銭の小銭をくれたから、たくさん集まった」

じかに人とふれ合って、想定を超えるリアルな感動体験を重ねた子どもたち。これら一つひとつの事実は「お話」をはるかにしのぐ迫力があった。

地域の人たちの思いがけない協力のおかげで、募金は数万円に。地元の郵便局からユニセフ協会に送金したそうだ。

もし、Bさんにもこのようなリアリティあふれる活動に参加する機会があったなら、これまで眠っていた細胞がみずみずしくよみがえるのではないか。人と人との間には、こんなにも「温《ぬく》いもの」が通い合うのだ、ということをほかのだれよりもBさん自身がもっとも深く感じとることができるのではないか。

頭のなかで、道徳『ともだちやもんな、ぼくら』の研究授業とT市立小学校のユニセフ募金活動の間に、勝手なバイパスを開通させた。

そこをBさんに歩いてもらったら、ずっと気になっていたことが心地よく溶解しはじめた。

授業中の教師の声

小学校・中学校を問わず、授業を観《み》せてもらう機会が多い。

校内研修会に招かれる場合でも、こちらから願い出て授業を観せてもらうことにしている。

授業よりもまず子どものようすを観たいのだが、いったん教室に入ると、一瞬教師の表情に目がいってしまう。次に目に留まるのが、いや、耳に届くのが授業中の声の大きさである。

これにはおおよそ三パターンある。
①教師の声が子どもの声よりはるかに大きな教室
②教師の声と子どもの声がともに程よい大きさの教室
③子どもの声のほうが教師の声をしのぐ教室
教師の声はやたら大きいのに、発言する子どもたちはというと、まさに蚊の鳴くような声。

このような①の教室はとても気にかかる。

なぜ、声が小さいのか。その子ども自身の問題と決めつけてしまうのではなく、背景をこそ探るべきである。そこには教師、そして学級集団の側に何らかの重要課題が横たわっている場合が少なくない。

授業の前段では子どもたちは小声なのに、授業が佳境に入ってくるにつれて、声のトーンが教師をしのいでしまうという教室もある。これならステキなのだが、授業の終盤まで逆転劇が起こらない教室が大半だ。

教師の声ばかりが大きく、ガンガン耳に迫ってくる授業。これで思い出すことがある。新人アナウンサーの養成を担当している人から聞いた話だが、大きな声を出して元気いっぱい朗読をする新人にはこのようにアドバイスするそうだ。

「あなたの朗読を眠っている赤ちゃんが聴いていたとすると、はじめはその大きな声にびっくりして目を覚ますにちがいありません。しかし、そのうちスヤスヤと眠ってしまうでしょう」

いくら大きな声であっても、それが一本調子でつづけば、平板さゆえに子守唄になってしまうというのだ。これでは教師の空《むな》しい一人相撲。このような学習環境がつづけば、子どもは圧迫感と窮屈さばかりが高じて、やがて授業不成立の状態へと進んでしまうことも十分懸念される。
①のケースとは逆で、子どもの声のほうが教師の声をしのぐ③の教室。これは頼もしさが感じられる魅力的な教室である。教師が不安そうな表情を浮かべて、終始小声。それにことよせ

て、子どもたちが口々に大声を張り上げているというのなら事態は深刻だ。が、そうではなくて教師が意図して自分の声を抑制し、その分それぞれの子どもたちがイキイキとのびやかに意見を表明。このような授業には迫力があり、観ているこちらも、その深みへと思わず引き込まれてしまう。

②の、両者の声がともに程よい大きさの教室。この場合は、違和を感じることなく授業を観てしまう。これが自然体の授業環境なのかもしれない。

だが、これとて同じトーンの声が平板単調につづくと集中力は切れてしまうだろう。

「私は、子どもたちのおしゃべりに負けないよう、ひたすら大声で語りかけていた。でも私の声は子どもたちに届いていないようで、ますます大声を張り上げた」

（朝日新聞二〇一九年一〇月二〇日）

七八歳になる元教師の投書である。彼女は悩み抜いた末に、ある日、小声で話しかけてみた。すると、子どもたちは耳を傾けはじめたという。

「一番大事なことを言う時、声をひそめると一瞬子どもたちが集中するのを実感した」

貴重な経験である。いつもいつも声をひそめてばかりでも、子どもの集中力は切れてしまう。慣れによる飽きがくるからだ。要は、メリハリ。起伏、非連続性、意外性、変調の大切さである。

こちらが調子づいて話している途中、あえてプツンと流れを断ち切り、間を空けてみる。と、この非連続性に子どもたちが息をのんで集中するのも確かである。

だが、このような話法の域だけで、子どもが授業そのものに集中するなどと甘く見てはいけない。言うまでもなく教師による教材選択と内容解釈、展開方法の工夫、応答の機微などの「授業力」は不可欠だが、それを生かすも殺すも話法次第という点は否めない。加えて、子どもと教師、子どもと子どものふだんの質的なつながりというものが大きくものをいう。

いま、多くの教師たちは教材研究、そして細部にわたる授業の進め方について日夜奮闘している。しかし、子どもとの応答が思いどおりにいかず、悩む教師も多い。そんなとき、「この子たちは聴く力がまったく育っていない」などと、子どもの所為《せい》にしてはいないだろうか。

そうではなく、「こちらの聴かせる力」を問い、これを磨きつづけたいものである。

突き刺さった「一言」

これも「傍目八目《おかめはちもく》」といえるのだろうか。授業を傍らから観《み》せてもらう機会が多い。すると、その場でさまざまなことを考えてしまう。その授業の先が読めるというわけではない。しかし、たしかに観えてくるものがある。

先日、大阪府K市の中学校を訪問。校内研で講話を依頼されたのだ。困難な状況にある生徒が少なくない。せっかくなので子どもの姿を見せてもらいたいとお願いして、一年生から三年生までの教室をのぞかせてもらった。

ひとつのクラスに一〇分ばかり入って何が観えるのか。そう言われればそれまでだ。が、移動のために廊下を歩くだけでも観えてくるものがある。床の輝き、掲示物の色合い、窓越しの景色……。東山魁夷《ひがしやまかいい》の絵ではないが、静物や風景の向こう側に、そこで生活している人の息づかいが伝わってくる。

「美しい廊下ですね」

「窓から見える景色が爽快です」

思わず、案内してくれる相手に伝えてしまう。

英語の授業ではフラッシュカードをスクリーンに映して、語句とその発音のトレーニングがおこなわれていた。生徒たちの多くが集中して声を出す。だが、口先は動いているものの、身体のどの部分まで共振しているのだろうかと考え込んでしまった。機械的に声を発し、単語の発音練習をくり返すものの、語意の解釈は生徒それぞれに異なっているはずだ。たとえば「ホワイトハウス」という語句。このひとつをとってみても、生徒の頭に浮かぶものはさまざまだろう。なかには、イメージがまったく浮かんでこない者もいるはずだ。

スクリーンと生徒の間の距離。それは同時に、教材と生徒の日常生活との隔たりのようにも感じられた。この隔たりが小さいほど、語句習得と定着は進む。逆に、隔たりが大きければ大きいほど習得と定着は困難になってしまい、時間がたてば、憶《おぼ》えたものはすっかり剝落する。では、隔たりを埋めるためには、いったい何が必要なのだろう。そんなことを考えながら、次の教室に移動。社会科の授業がおこなわれていた。ブラジルの特産物について学んでいる。授業者はスクリーンに農園で栽培されている植物を映し出して、生徒たちを惹《ひ》きつけた。

「これ、なんだと思う」

「コーヒー？」

図星だ。コーヒー豆の生産高や輸出率へと話は進んだ。日本の反対側にあたる、遠い外国の話だ。スクリーン上と生徒の日常生活はあまりにも隔たりが大きいように思えた。そのとき、目の前の生徒が小声で言った。

「きのう、カルディに行った」

コーヒーなど輸入食品の全国チェーン店である。遠いはずの国が本人には手づかみできるほど身近になった瞬間だ。

「そうか。じゃあ、明日その商品の包みを持ってきてよ。どこの国のコーヒーか調べよう。ブラジル産かもね」

「おれも、きょう店に行ってみよう」

「私、今度の日曜に行く予定」

残念ながら彼のつぶやきは授業者に届かなかったのか、そのような展開には至らなかった。しかし、ここには大きなヒントがある。生徒のつぶやき、生活に即したつぶやきの大切さである。教材と生徒の距離を縮め、地つづきにするつぶやきを拾い、両者のつなぎの役を担うのが教師の仕事なのだ。教材を一方的に伝えるだけなら、それは機器でもやってのける。むろん、生活上のつぶやきを発することができる、ひらかれた空気づくりも教師の重要な仕事である。

「この有機レギュラーコーヒー、生産国コロンビア・エルサルバドルって書いてある」

「それって、どこ?」

商品の包みが知的好奇心をひらいてくれる。それが知識の習得と定着の糸口となる。

次の教室に案内されると、私を見て一人の生徒が言った。

「この人、だれ?」

案内役の人権教育担当の先生が答えた。

「大学の先生や」

すると、その生徒は一言。

「大学か。おれには関係ない」

この言葉は突き刺さった。中一の段階で、すでに自分には「関係ない」と太い線を引いてしまっているのだ。あとで聞くと、その生徒はひとり親家庭にあって、いま非常に困難な状態にあるという。

「格差社会の深まり」「分断社会の進行」、しばしば指摘されることだが、生徒の内面にまで、かくも太いクサビが打ち込まれている。そう思うとつらくて仕方なかった。

この太いクサビを生徒といっしょに怒りをもって引き抜くことが、今日の教育の重要な役目なのである。

万全の「指導案」は必要か

新型コロナ禍のため、予定していた講演の中止や延期が相次いだ夏期。ダイアリーには赤い斜線が並んだ。

八月の「ステイ・ホーム率」を計算してみると、前年の五倍。かくも平板な夏を過ごすのは何十年ぶりのことだろう。ならばこれ幸いと、ふだん手が付けられなかった趣味の領域に埋没し、私的生活を存分に愉《たの》しめばよいではないか。

ところが、そのような豊かな世界にひたれない自分が悲しい。母親ゆずりの所為《せい》か、目の前の仕事に追われているほうが「やってる感」に包まれて、心身ともに落ち着く。染みついてしまった性分はどうしようもない。

夏に遠方への「死のロード」いや「新生ロード」は激減したものの、近場へはちょくちょくお呼びがかかった。その講演レジュメやパワーポイントの作成には几帳面《きちょうめん》に取り組んだ。できあがったパワーポイントを使い、自宅で幾度となくリハーサルもした。例年、こんなにも事前準備というものに時間をかけ、作業をしていただろうかと自分でも疑うほどである。

ところが、入念な事前準備をすればするだけ、本番で満足な結果が得られるかといえば、そうとも限らない。

自分なりに万全と思える「シナリオ」を用意して本番に臨む。パワーポイントの準備も周到。すると、話の流れが細部に至るまで仕上がっているため、演壇に立っても気分は安定。しかし、話をしているその事中に自分が新たに気づくこと、ふとした発見をすることがないのだ。筋書きどおりの話になってしまい、「筋書きにない話」が突如浮上するというドラマ性がない。

それが自分の表情や情感にも微妙に作用し、鮮度に欠ける内容、起伏のない淡白な講話に傾く。総体として、そうなってしまえば、これは大問題だ。

レジュメは要約であり、話の骨組みにすぎない。ところが、パワーポイントは厄介だ。これに入れ込みすぎると話の流れが窮屈になる。道草や思わぬ脱線がしたくても、スライドによって最終地点までレールを敷いてしまっているため、身動きが取れない。コマを飛ばすには勇気がいる。まさに自縛のトラップにはまり込んだ状態だ。

では、トラップから解放され、逸脱を適度に愉しむにはどうすればよいのか。これを考えているとき、よく似たケースが頭に浮かんできた。「学習指導案」というペーパーの存在である。

研究授業などをおこなうとき、事前に学習指導案をていねいに作成する。授業の導入、展開の過程、まとめ。子どもへの発問、予想される子どもの反応などを事細かに記載。学習指導案と称する「万全のシナリオ」を作成して、本番に挑む。

ところが、授業は「生きもの」だ。生身の子どもとつくる授業がシナリオどおりに進むとは限らない。無理にシナリオどおり進めようとすると、子どもとの間に齟齬《そご》をきたす。子どもが発する意見や貴重なつぶやきが、教師のふるまいにかけられ、想定外の発言は「ストライクゾーン」から外れた「アウト球」として扱われることもある。

一方、「万全のシナリオ」を用意せずに授業をしたとき、これが意外に盛り上がる。こちらのスタンスが柔軟なためか、子どもにとっても満足のいくおもしろい授業が実現する。

これは偶然の産物にすぎないと決めつけず、必然化したいものである。では、どうすればよいのか。ひとつはシナリオのなかの随所に意図して「余白」を設けることだ。綿密かつ几帳面なシナリオではなく、レジュメ風のラフな授業デザイン。いわば骨組みだけを持って子どもの前に立つ。それに肉付けをするのが学習者である子どもなのだ。

いや、指導案は緻密なものを作成すべきだ。そのような考えももっともなこと。しかし、私が若手教師だったとき、先輩教師の河本静夫先生がぼそっとつぶやいたことばが、いまなお頭のなかにくっきり残っている。

「ソノダさん。指導案はできるかぎり緻密なものをつくるべきや。でもなあ、子どもの前に立ったときには、それを捨てなあかん」

先日、家庭科の授業を観《み》た。教師は「裁つ」と大きく板書。「裁縫の裁です。タツと言います」と説明。そのときだ。後方の生徒が思わずつぶやいた。

「だからタチバサミと言うんか――」

心から納得した様子だった。この生徒は「タチバサミ」というモノもことばも知っていた。だが、なぜそう呼ぶのか。意味は不明のまま、いままで使っていた。その意味がいま突如、明らかになったのだ。先を急ぐ教師から何の応答もなかった。

「つぶやき」は教師が意図する学校知と、学習者が経験的に知っている生活知、その両者の接点で瞬時に生じる火花だ。これは新たな学びの貴重な入場口。

どの子どもにも固有の生活がある。その知が学校知と呼応する授業。そのような意味ある学びが噴き出すためにも、余白を大事にしたいものだ。教師の「善意」による万全さが、子どもの割り込む余地を奪ってはいないか。自戒を込めて省察すべき事柄である。

もちろん、教師の精神的な余白も絶対的に必要なこと。

『水平社宣言』の授業と子どもの学び

「とても感心しました」

目の前で、一人の子どもが言い切った。字数にすれば、わずか九文字の短い意見。だが、すぐそばにいた私には、その子どもの息づかいが伝わってきた。深い納得のようすが、しっかりつかみ取れた。

これまで、ことばにはできなかった。でも、自分が求めていたこと、考えてきたことは、これだったのです。よくぞ、このようにはっきりと言い表してくれたものです。気持ちがすっきりしました――。

そのような感慨のこもった九文字の意見だった。

三重県Y市で六年生の総合的な学習を参観。「水平社宣言から学ぼう」というテーマで授業がおこなわれた。

小学生用に書き直された『水平社宣言』が学習材。各自が心に残ったところに線を引く。そして、理由とともに発表し合う時間だった。

「すべての人が自分の中の差別心に気づき、お互いを尊重し合い、大切にすることで差別は無くしていけるのだ」

先ほどの子どもは、この箇所に線を引いた。

いったい差別はどうすればなくなるのか。それが本人の根源的な「問い」だったのだろう。その問いに、かくも明確に答えてくれる一文に出会い、強い光を得たように感じとれた。

このくだりは読み手の心情が揺さぶられるというより、むしろ、そうなんだと大きくうなずけて、確信が持てるところである。本人にとって、納得のいく衝撃的な文章だったのだろう。

だが、ひとつの「問い」に解決の道が見えだすと、さらに新たな「問い」が浮かび上がってくるのが総合的な学習の醍醐《だいご》味《み》でもある。

それぞれの子どもにとって、もっとも心に残った一文。それを焦点化し、根掘り葉掘り探り込んでいく作業を主眼としたい。

たとえば、子どもが選び取った一文。「すべての人が自分の中の差別心に気づき、お互いを尊重し合い、大切にすることで差別は無くしていけるのだ」

この文章からは、さらに次のような「問い」が、子どものなかに生まれてくることが予想できる。

「すべての人が自分の中の差別心に気づくって、いったいどういうことなのだろう。それに気づくためにしなければならないことは何だろう……」

「お互いを尊重し合い、大切にすること。それを、すべての人が本気で実行するためには、いったいどうすればいいのだろう……」

これらの新たな「問い」を打ち立てて、その探求過程では、自分一人で頭の先だけを使って考え抜くのではなく、それも大切なことだが、「周囲の人、三〇人にインタビュー」などの方法も採り入れながら探っていく。すると、課題解決の方向性はより豊かに拓《ひら》けてくるのではないか。同時に、その過程で、また新たな課題に直面することもあるはず。

このような先の展望を共有しながら、子どもたち自らの手で学習活動を進展させていく。それが総合的な学習の本来的な特質である。

「『差別される側』が差別されないようにしなければならない。……このような間違った考え方のせいで、多くの仲間たちが傷つき倒れていった」

このくだりに線を引いた子どももいる。この箇所は「いじめられる人も悪いところがある」という現代のいじめ問題の誤った認識と通底している。一方、「差別は『差別する側』がいるからあるのだ」というくだりに線を引く子どももいた。この二か所は理解が大きく対立する。子ども同士で対話を深め、納得のいく正しい認識に至るための手がかりが露呈している箇所といえる。

「差別された人がどれほどつらい思いをしているかを誰よりもよく知っている。だからこそ、私たちはすべての人の幸せと希望を追い求めていくのだ」

後段のこの一文に着目した子どももいた。その子は「みんなのことを考えてすごい」と発言した。被差別の立場がユニバーサルな思想を不動のものとしているところだ。子どもの「すごい」という表現は、それを指していた。

現代ではいじめられた子どもが、場面が変わるといじめる側になるケースがしばしばある。この点も含めて道徳科の授業でも『水平社宣言』を読んで、考え、対話を深め合いたいものだ。扱う内容項目の見出しは［希望と勇気、努力と強い意志］［公正、公平、社会正義］などいずれも可能である。

総合的な学習と関連させるのも適切なこと。一時間扱いでは収まりきらない貴重な「教材」であることは確かである。

きょうの授業で何を学んだか

「知ってる。おじいちゃんに聞いたから」

「おばあちゃんに聞いたことがある」

N先生の問いかけに、子どもたちは朗らかに答えた。

そうなんだ。いまの小学三年生にとって阪神《はんしん》・淡路《あわじ》大震災は遠い昔の話。その子どもたちが、きょうの授業でいったい何を学ぶのだろう。

兵庫県はA市の小学校。今年で二六回を数える大震災の日。この日を前に、「震災を忘れない」という思いを寄せ合う授業がおこなわれた。

あの日、学校の運動場は大きな地割れが発生。「液状化現象」という当時は耳慣れない現象も初に起きた。校区には激しく倒壊した住宅もあり、五年生のしょうこさんが犠牲となった。

教室中央には手作りのトチの木「しょうこさんの木」が立つ。子どもたちは、それを取り囲むようにU字形に着席。

震災二五年を祈念して刊行された冊子『未来をひらく』。何枚もの写真に子どもたちの目は吸い込まれた。

しばらく沈黙がつづいたが、声が上がりはじめる。

「私の家が写っている」

「私の住んでるハイツも出てる」

四半世紀前の時空が、子どもたちの眼前に引き寄せられた瞬間だった。

学校の正門を直進した中庭。そこに震災遺構「Uの森」がある。

「一九九六年三月、震災復興を祈念し、この『Uの森』がつくられました。しょうこさんを追悼するトチの木の苗木を植樹し、一年クヌギ、二年カキ、三年スモモ、四年カリン、五年ザクロ、六年ナツメの計七本がうえられています。震災をのりこえて、樹木のように大きく成長し、元気に育ってほしいとの願いがこめられています」

森の入り口にはこう記された掲示板が立つ。

N先生は子どもたちに問いかけた。

「どうして、この学校の先輩たちは震災のあと、『木』を植えたんだろう」

本時の中心となる発問だ。

市内の学校には、黒御影石《みかげいし》や白御影石を素材とする震災慰霊碑もある。

子どもたちはしばらく考えた。

「木は生きている」

「大きく育ってほしいから」

「忘れないで世話をつづけるために」

よく理解している。

ふだんは一風景として見慣れている「Uの森」「しょうこさんの木」。その存在を子どもたちはあらためて認識したことだろう。

しょうこさんは震災によって命を奪われた。しかし、森のなかに育つトチの木「しょうこさんの木」。それはしょうこさんそのものなのだ。

「Uの森」に、いまもしょうこさんはみんなと生きている。

遺族、そして当時の仲間たちの思いは、きっとそうであったにちがいない。

「いまから『Uの森』に行きます」

N先生の突然の呼びかけに、子どもたちは即座に応じた。急に寒くなったその日、子どもたちは森へと向かった。

「しょうこさんの木」を子どもたちは静かに囲んだ。幹の太さは一〇センチを超すほどだろうか。背丈は子どもたちよりやや低い。先端部が白化してきたため、二〇一九年春、思い切った治療が施されたのだ。ところが、幹のなかほどから、何本ものしっかりした枝が天に向かって伸びている。それぞれの枝先には、春を待つかのように冬芽が凛《りん》と結ばれていた。

「さわってもいいよ」

N先生が声をかける。子どもたちはためらうことなく、順々に「しょうこさんの木」に手を伸ばした。

が、そこで驚くことが目に留まった。

先生のことばどおり、木に「さわる」子どもはだれ一人いなかった。治療された幹の断面部をそっといたわる子ども。幹の側面をやさしくなでる子ども。幹から伸びる枝をやわらかく握りしめる子ども。いや、握りしめる姿は、握手しているようでもあった。

子どもたちは「しょうこさんの木」に対しているのではなく「しょうこさん」に対していたのである。

トチの木は和字で「十千」。万ほど実をつけることから、そのように呼ぶという。縄文時代からの有用樹で、山地の谷間に自生。高さ三五メートル、直径四メートルの大樹に育つようだ。「とち餅」は私の大好物でもある。

きょうの授業に学んだ子どもたちは、「しょうこさん」といっしょに今年の一月一七日を迎えることだろう。私自身も大震災発生二六年目の日を新たな想《おも》いで迎えるつもりだ。

しょうこさんの姉が冊子『未来をひらく』に寄せていることばが胸に響く。

「今この瞬間を生きる！　明日が来るとは限らない」

自尊感情が高い理由がわかった

「自分はダメな人間だと思うことがある」

この項目に対して「そう思う」と答えた高校生は、アメリカ四五・一％、韓国三五・二％、中国五六・四％。（国立青少年教育振興機構「高校生の生活と意識に関する調査報告書－日本・米国・中国・韓国の比較－」二〇一五年）

では、日本の高校生は？　二回生の学生に問うてみた。すると九割近くの学生が「七〇％台」のところに手を挙げた。当たっている。七二・五％なのだ。

「どうして、こんなに高い数値なのだろう」

高校生とほぼ同世代の二回生は、次のような意見を述べた。

「小学校のときより、上になるにしたがって、だんだんホメられることが少なくなってくる」

「人の失敗を笑う空気がある。笑われると、それがトラウマになる」

「謙虚な人間が多いから」

「自信がないため」

「周囲の目を気にして、ついつい大衆の枠の中に納まろうとする自分がいるから」

「個性より足並みをそろえるのが日本。違いが認め合えないため」

「評価社会で、失敗をしてはダメだという意識がいつも働いているから」

総じて、調査結果に違和感はなさそうだった。

同機構の二〇一八年調査で「私は価値のある人間だと思う」という項についても、次のような結果だった。「そう思う」と答えた高校生は、アメリカ八三・八％、韓国八三・七％、中国八〇・二％。ところが日本は四四・九％。近年に至ってもいっこうに「改善」されていないのである。（「高校生の心と体の健康に関する意識調査報告書－日本・米国・中国・韓国の比較－」）

二回生の授業では、このあと「自尊感情」の重要性について話をし、ローゼンバーグの古典的な測定尺度を使って、学生たちに自分の自尊感情度を測ってもらった。すると、一人の女子学生が急に笑顔になった。空気を読んでか、挙げた手はすぐに下げたが、測定数値は満点。自尊感情度「最高値」の結果だった。

この日、彼女は授業カードに自分のことを次のように書いた。

「まじめで前向きで、行動力があって、柔軟で、優しくて、おもしろくて、視野が広い。自分が死ぬほどスキです。イェイ」

ここまで書けると、読んでいても心地よい。決して、仲間うちで浮いた存在ではない。書かれたとおりのキャラだ。しかし、順風満帆の日々ではなかったようだ。これまでには、さまざまな「つらいこと」があったという。

「家庭内にいろんな出来事があった。交通事故、親戚の自死、親が躁鬱《そううつ》に、自分が不登校に、他にも……。それらの経験を経る中で、私たち家族は『生きていればよい』という考え方に至りました」

家族のみんなが、このような結論を共有している。その強み、たくましさのなかで、彼女は暮らしているのだ。

自尊感情度「最高値」の結果がうなずける。一見すると彼女は、特段目立つわけでもない一人の学生なのだが、「絶対的自尊感情」が確実に育まれている。

とにかく、彼女の文章は歯切れがよい。

「当時は苦しかったけれど、いま思うと、友だちからも先生からもすごく優しくしてもらって、温かさを感じることができた。〝愛されているんだ〟という自覚を持つことができた」

一度も休んだことがなかった学校を、高三の秋から冬にかけて休んだという。

「だいたい不登校になる理由って、ひとりだと感じるからだと思う」

「絵を描くことが好きです。いままで沢山の賞や称賛の声をもらってきた。しかし、親はほめてくれることはありません。なので、逆に自分で自分をほめてやることにしました」

これらを読んでいると、しみじみ想うことがある。大学教育にも生活綴《つづ》り方《かた》が大事だ、必要だ、と。学生の「向こう側」が書かれたものを読むと、一人ひとりの学生の「奥行き」というものをまざまざと感じてしまう。マスでとらえてはいけない。それは許されないこと。

別の学生は「自分の失敗」について授業カードにこう書いた。

「小学校のとき、算数で間違った答えを黒板に書いてしまったことがある。みんなは『全然違う！』と言って笑っていた。私はそのとき、もう発表したくないと思った。すると、担任の先生が全員に向かって『口を閉じなさい』と言って、クラスが静かになった。

『Mちゃんは今日のこの間違いをして、みんなにこういう間違いをしたらダメだよって、教えてくれました。さらに、今日Mちゃんはこの間違いのおかげで、また一つ賢くなりました』

そう言ってくださった。そのときに、失敗をしても大丈夫だと自分に自信を持つことができたように感じる」

子どもの自尊感情をはぐくむためには「おとなが視野広く、子どもを見つめてあげるべきだ」と結んでいる。

学校は目の前のカリキュラムに追われる日々だが、いまこそ「隠れたカリキュラム」が最重要と思えてならない。

学校の成績は何で決まるのか

「学校の成績は、知能ではなく性格で決まる」

この研究報告が頭から離れない。「ハフポ」の略称で知られる米国のインターネット新聞『ハフィントン・ポスト』の日本版記事（二〇一五年一月七日）を読んでからずっと気になっている。

オーストラリアの研究チームの発表によると「明るく開放的でかつ勤勉な学生の方が、単に知能が高いだけの学生よりも成績が良かった」というのだ。別の言い方をするなら、学業成績に最大の影響をもたらすのは「知能」より、「経験への開放性」と「勤勉性」の二つの性格因子が重大だということ。

「勤勉性」は説明するまでもないことだが、小さなことからコツコツと努力をつづけて、最後までやり通す性格である。ＧＲＩＴ（やり抜く力）そのものだ。

一方の「経験への開放性」とは「知的好奇心や、新しい情報を得ることにどれほどワクワクするかという性格因子」。つまり「それはムリ。やる気ない。まったく興味なし……」と、さまざまな経験への扉を自ら閉ざしてしまうのではなく、「なんでもやってみたい。やってやろうじゃないか」精神が旺盛な「やりたがり・知りたがり」という性格に関係するだろう。

今回の調査には次の方法が用いられた。まず、学生本人が自分の性格を「自己評価」する。「勤勉性」が高いとか低いという評価をさせるのだ。もうひとつは、その学生のことをよく知っている者に、その学生について「第三者評価」をしてもらった。

すると、性格の「自己評価」の結果は「その学生の成績を予測する上で知能と同じくらい有効」だったようだ。また、性格についての「第三者評価」から「その学生の成績を予測する上で、知能よりも四倍近く正確」であることがわかったという。

研究チームの主筆アーサー・ポロパット博士（グリフィス大学応用心理学部）は、とても慎重な言い回しで次のように述べている。

「実際的な観点から言えば、生徒が努力できるか、またその努力をどこに集中させるかは、少なくとも、その生徒が賢いかどうかと同じくらい重要だ」

「最も有益な性格因子（「経験への開放性」と「勤勉性」）を持つ生徒は、平均的な生徒よりも成績が良くなる」

この研究結果は、生得的な「頭のヨシアシ」が成績に決定的な影響を及ぼすものだと思い込んでいる子どもたち（ときには教師・保護者）に対して、大いに使えるものと思えてならない。

「どうせ自分は頭ワルイし。勉強できないし」

「やっぱり、あの子は頭イイから、勉強がよくできる」

このような刷り込み被害を幼少時から受け、学年が上がるにつれて、ますます自己差別感情に取りつかれている子どもは決して少なくない。

そのような子どもたちに「それは大きな思い違いです」「勘違いをしたらアカン。自分が損するだけ」と、この研究結果を伝えたいものだ。

これまでにも「経験への開放性」は創造的な面での成果を予測する最大の性格因子とされ、「勤勉性」は社会的な成功をも予測できる性格因子とされてきたのだ。

では「勤勉性」と「経験への開放性」は、どうすれば豊かにはぐくむことができるのか。これは自分一人でいくらシャカリキになっても、容易に叶《かな》うものではない。まずは身近な人間から性格的な影響を受けることではないだろうか。身内からの影響も大きいが、たとえば、すぐ隣の仲間の性格にじかに触れて「この子、すごいな！」と学ぶことは十分ありえる。また、そのような空気を教室のなかにつくり上げる学級運動も不可欠である。成績向上のために反復練習や過去問に精を出すよりも、こちらのほうがよほど汎用性も期待できる。

先日、三重県のある中学校の全校生徒に講話をする機会を得た。そこで「みなさんは成績の良い悪いについて、大きな思い違いをしていませんか」と、さっそく情報提供してみた。すると、やはり反応は大きかった。

「テストでいい点を取れる人は、頭がいいからと思っていたが、勉強を最後までやりきっているから、いい点を取れるのだ」

「成績をよくする方法は、好奇心とあきらめないことだと聞いて、びっくりした」

「自分への挑戦をいっぱいして、こつこつとやり抜きたいと思います」

「へぇー、たしかに。そのとおりだと思いました。自分の心をえぐられる感じがしました」

教室で、子どもたちに「学校の成績は、知能ではなく性格で決まる」と、担任が熱い思いを込めて一席ぶってはどうだろう。

第三章　「人権・道徳の授業」と教材研究を愉しむために

『およげないりすさん』は強い

あひる・かめ・白鳥が、池に浮かぶ小島へ遊びに行く相談をしていた。そこへ、りすがやってきて「ぼくもいっしょにつれていってね」と頼む。だが、「りすさんは、およげないからだめ」と、排除されてしまう。

小学校二年生道徳科の教材『およげないりすさん』（作・小野瀬《おのせ》稔《みのる》）だ。文科省発行『わたしたちの道徳一・二年』に掲載されているため、以前から教育現場ではよく扱われてきた。該当する内容項目は［友情、信頼］「友達と仲よくし、助け合うこと」とされている。

島行きを断られたりすは、家に帰る。一方、島に行ったみんなは、遊びが盛り上がらない。

「やっぱり、りすさんがいたほうがいいね」

次の日、みんなはりすに謝り、そろって島へ。かめは「ぼくのせなかにのりなさいよ」と声をかける。

話はあまりにもスムーズに進行して、ハッピーエンドで終わる。この教材を使って授業をするとき、どこで立ち止まり、深く考え、対話を進めていけばよいのだろう。

「お友だちとなかよく」「みんななかよし」というようなことは、保育所・幼稚園の時代から、子どもたちは耳にタコができるほど聞いていて、よく知っている。

そのような手ごわい子どもたちを相手に「物事を多面的・多角的に考え、自己の生き方についての考えを深める学習」を展開するには、授業者の深いこだわりと力量が求められる。

そこで、何よりも「泥臭い教材研究」が必要となることは確かだ。

まずは、りすの言動に注目したい。

「ぼくもいっしょにつれていってね」と、りすは念を押すような頼み方をする。単に「つれていって」と、弱腰な頼み方ではない。

泳げないことは承知のうえだ。でも、みんなは「およげないからだめ」と冷たく拒否。仲間を信じていたりすは、傷ついて家にもどったことだろう。

ところが、りすは翌日もみんながいる池のほとりに出かける。なぜか。仲間への愛着。それと、少々のことではあきらめない、打たれ強いりすだからではないか。

このりすの姿勢を、子どもたちに自分と重ねて考えてもらってはどうだろう。「自分だったらどうだろう」と。

「私だったら、次の日、池にでかける勇気はない」と、正直に語る子どもも出てきて当然だろう。でも、りすは池に出かけた。すると、その場でみんなが謝ってくれて、新たな展開を得ることとなったのだ。

では、もし、りすが池に出かけなければ、新たな展開は生まれなかったのだろうか。

この点も子どもたちに問うてみたい。

翌日、池のほとりに、いつものりすの姿がない。それに気づいたみんなは、りすの家に行って、きのうはごめんね、と謝る。このような考えを持つ子どももいるはず。

要は、泳げないりすが悪いのだろうか。そうではない。「いっしょにつれていってね」と頼むりすに「およげないからだめ」と言い放ち、自分たちだけで島に向かったみんなの言動こそが問題だった。

「深く考えず、軽はずみにりすを排除した自分たちが悪かった」

あひる・かめ・白鳥はそのことに気づいたのだ。互いの友情・信頼の絆《きずな》は残されていたのである。

自分たちだけで島で遊んでいても、少しも盛り上がらない。それはどうしてか。ひとつは、りすがいないために、いつもの遊びの歯車がうまく回転しなかったのだろう。もうひとつは、りすを切り捨てた後味の悪さを自分たちが引きずっていたからではないか。

晴れない気持ちを味わったみんなは、りすを排除したことがよくなかったと気づきはじめたのだ。

やがて、かめは「いい考え」を思いつく。泳げないりすを、泳ぎの得意な自分の背中に乗せればよいのだ、と。かめにとって、これは自己犠牲でも何でもない。自分の「持ち味」を無理なく生かすということにすぎないのだ。

「持ち味」とは、一人ひとりがそれぞれに持っている固有の味。個的特性である。「持ち味」の尊重は言うまでもないこと。より重要なことは、その「持ち味」を生かせる「持ち場」があるかどうかなのだ。

かめは自分の持ち味を生かせる「持ち場」はここだと思い立って行動に移す。りすを背中に乗せて、意気揚々と泳ぎ切ったのである。

子どもは遊びのなかなどで「持ち味」を生かすことができた経験をもっているはずだ。授業のなかでそれらについて失敗談も含めて交流することができれば、これは意義深い。仲間に対する見方、理解も広がる。自分の「持ち味」を見直すきっかけにもなるだろう。

また、子どもから次のような意見がでるかもしれない、という想定もわすれないでおきたい。

「島に橋をかけたら、りすさん、泳げなくても、いつでも遊びに行ける」

「でも、しぜんはかいにならないように、よう考えなあかん」

子どもたちの声、そして顔が浮かんでくるような教材研究を学年で愉《たの》しみたいものである。

「エエとこ止め」授業のすすめ

あまりイライラ・カリカリせずに、広い心で生きたいものだ。「寛容」ということば。その響き自体が、とても穏やかで気持ちが鎮まる。

頭の先ではそのように理解していても、一歩外に出るとついつい……。

あゝ、いけない、いけない。人様のため、というより自分の心身の健康のためにもつねづね寛容でありたいものだ――。

ここ一か月の間に『名医、順庵』（作・荻原隆）という読み物を使った道徳科の授業（五年生）を二度観《み》る機会があった。

順庵は九州で評判の名医。弟子に、勤勉な若者孝吉がいた。ある日、孝吉に手紙が届く。遠くで一人暮らす母親からである。重病を患ったため、帰郷してほしいという内容だった。孝吉は母を思うあまり、師の薬部屋から高価な薬を持ち出す。それが見つかり、順庵に厳しく問い詰められる。孝吉は泣きながら、とうとう母のことを明かす。

『話が終わったとき、順庵が言った』

寛容さが問われるクライマックス・シーンである。

ここで授業者が本文の範読を、突如中断。

「さて、順庵は孝吉にどう言ったのだろう」

資料から目を離し、おもむろに問いかけてはどうか。

名付けて「エエとこ止め」。

テレビでもよくやるではないか。いい場面で突然CMが入るという手法だ。その効果を学習意欲高揚に活用するのが「エエとこ止め」である。この手法は決して斬新なものではない。すでに国語科で「一読総合法」として確立されている。物語の途中で「立ち止まり」をおこない、各自が先を予想する。学習者に主体的な読みを促すためである。

道徳の授業では、この手法はことさら意味がある。

「もし自分が順庵だったら、ここで孝吉に何と言うだろう」

このような「仮定発問」を投げかけて、子どもが考え、対話を深めていく。その子どもならではの意見が期待できるからだ。しかし、大切にしたいことは自由奔放に意見を言うのではなく、あくまでも『名医、順庵』という読み物の内容をふまえたうえでの思考、そして意見を求めたい。

順庵は「きびしい教え方」をする人物である。その順庵が、孝吉の元に母から手紙が届いたあと、次のように訊《たず》ねている。

「このごろ元気がないが、体のぐあいでも悪いのかね」

「いいえ、なんでもありません」

孝吉は真実を打ち明けなかった。郷里に帰れば破門されるのではないかというおそれがあったからだ。

突然の「エエとこ止め」。そして「もし自分が順庵だったら、ここで孝吉に何と言うだろう」と「仮定発問」。それを受けて、子どもたちはどのような意見を述べるだろうか。

「高価な薬を勝手に持ち出すのはドロボウだから、許すことはできない」

「盗んだことがわかったら、お母さんはよけいに悲しんで、病気が重くなるから、自分が順庵なら絶対許さない」

「悪いことをしたのだから許さない。でも、孝吉の話を聞いて理解はすると思う」

「孝吉が悩んでいたのを、師でありながら見抜けなかった順庵だから、自分だったら薬をお母さんに飲ませてあげなさい、と言って家に帰らせる」

意見は分かれることが予想される。

発問の仕方はもうひとつある。

「いまの自分なら、正直なところ孝吉に何と言うか」

これは「仮定発問」より一歩踏み込んだ「当事者発問」である。「いま現在の自分」ならではの、率直な意見を求めるものだ。もちろん読み物の内容をふまえたうえで。

「信じて弟子にした孝吉なのに、裏切られた感じ。だから、どんな事情があっても許さない」

「きびしく叱る。しかし、自分がきびしすぎたから、孝吉は自分に悩みを相談することができなかった。今回は師としての自分の責任も半分あると思うから、薬を持って家に帰らせる」

「こわい先生には私らだって本当のことを言えず、ウソをつくことがある」

「当事者発問」のほうが、いっそう自分のこととしてリアルな意見が出ることが期待できそうだ。

子どもが自分の立場から意見を発するものの、言いっ放しではもったいない。そこで大切にしたいのが率直な対話だ。他者の意見について、質問や疑問を出し合うことから始めたい。

そして自分の意見をより太らせながら、互いがうなずけるような「納得解」が見いだせるなら、それもよし。平行線のまま相互容認の状態もOK。モヤモヤ感を引きずったまま終わるもよし。

もとより、ただひとつの答えを追求しようとする授業ではない。

教科書では「みとめ合う心」などと、まるで本時のゴールのような文言が題名と肩を並べて踊っている場合がある。これは余計なお節介だ。

授業のさいごに、「エエとこ止め」をした場面のつづきをクリティカルに読むこととしたい。

子どもの経験と知恵が生きる授業

みんなが「わたし」を避ける。口もきいてくれない。わたしはのけ者にされてしまった。どうやらクラスのリーダー的存在の光子が、指令を出したらしい。息がつまるような毎日がつづく。原因として思い当たるのは、理科のテスト結果がよかったため、自分がつい調子に乗ってしまったことぐらい。

ところが、名前のない手紙が届く。

「ほんとうにきらいなわけではないのよ」

「今日のワンピース、とても似合っているよ」

だれが書いてくれているのか、わからない。でも、手紙だけがわたしの励みになっている。

ある日、一人の女子が転校することに。その子が「みんなのまねをして、仲間はずれにした」「とてもはずかしいことをした」と、全員の前でわたしに謝ってくれた。すると、周囲から反省の声が次々に上がり、やがて光子も「元の光子」にもどっていった。

これはいじめ問題について考えるとき、よく使われる教材『名前のない手紙』（作・井上明子）のあらましである。一部の道徳科教科書（五年生用）にも採用されている。

身近に起こりがちな内容だ。子どもたちは切実感をいだきながら考えることができる教材である。

人をのけ者にすることはよくない。それはわかっている。でも、リーダー格の光子の指令にそむくと、こんどは自分がのけ者にされてしまうかもしれない。同調圧力が働いて、結果的にいじめが教室のなかに蔓延《まんえん》してしまう。

では、どうすればよいのか。

このクラスでは、たまたま転校する女子がいて、その子が「どうしても言わなければならないことがある」と、突破口を開いてくれた。そして、光子もいるみんなの前で「ほんとうにごめんなさい」と言い切る。この発言を受けて「わたしも」「わたしも」と、堰《せき》を切ったように謝罪の声が広がっていく。

もし、転校する女子がいなかったなら、のけ者扱いの状態はさらにつづいたのではないか。

ここはこだわりたい。子どもに問いたいところである。そこで、「問題解決の糸口」を探る問いかけが必要だ。子ども各自がこれまでの体験と重ねながら考え、対話を深める場面をぜひ設けたい。そこでは有効な知恵がさまざまに出されることも期待できる。

このクラスには名前のない手紙を送りつづけ、ひそかに「わたし」を励ます子どもがいた。その行為は根本的な解決にはならないものの、わたしの心の支えになっていたことは確かである。

「自分は一人ぼっちじゃない」という一すじの光を得ることによって、最悪の事態を避けることもできるだろう。

その光をどう広げていけばよいのか。この点も子どもたちと考え合いたい。

物語では「わたし」に対してみんなからの謝罪があって、一応ハッピーエンドで終わる。

「このクラスは今後よく似たいじめは起こらないのだろうか」

そのような問いかけも必要だ。リーダー格の光子は大丈夫か。まわりのみんなも二度と過ちは犯さないだろうか。

もう一点、気がかりなことがある。それは「わたし」自身のことだ。わたしには反省することはないのだろうか。

エッ、わたしはいじめの被害者でしょう。それなのに何を反省するの……。

一部の子どもはきっと気づいているはずだ。今回、わたしがのけ者にされた直接の原因は、どうやら調子に乗ってしまったことにある。

この読み物は次のような書き出しではじまる。

「わあ、八十三点。やったー」

返された理科のテストを見て、わたしは思わず大声を上げた。すると、先生は「これからもがんばって、理科を好きになってね」とことばを添える。

「はい、次は九十点です」

このようなやり取りが交わされる。ところが、いつも成績のよい光子は、「わたし」より低い点だった。光子に限らず、わたしの歓声を素直に受け止めることができない子どもがほかにもいたはず。そのことを当のわたしはどこまで感じ取っているのか、理解しているのか。

この点はまったく書かれていない。だからこそ、授業のなかでぜひ問うてみたい。加えて、この担任のデリカシーのなさも問われるところである。

しかし、だからといって、そのような「わたし」をのけ者にすること、いじめの対象にすることは許されるものではない。わたしに対して言いたいことがあるなら、いじめという「人権侵害的手段」の行使ではなく、別の適切な方法を駆使して本人に伝えたい。伝えるべきなのだ。では、「別の適切な方法」とは、いったいどのようなものか。それを対話によって考え出すのが本時の学びなのだ。教師が先導することは避けたい。

テストが返され、大声を上げたわたしに「気持ちはわかる。でも、抑えて、抑えて」。そして「先生にもイエローカード一枚」と、軽快に言ってのける子ども、言える教室の空気。それらをどうつくりだせばよいか。

子どもの経験と知恵がフル稼働する時間にしたいものである。

教師の「ストライクゾーン」が授業を決める

かつてのプロ野球中継は、テレビカメラがバックネット側にあった。現在、メインカメラはバックスクリーンの横に。そのため、キャッチャーの動きがよくわかる。

ピッチャーの投球がストライクゾーンからそれたとき、キャッチャーはどのようなミットさばきをするか。

ボール球をキャッチするや、瞬時の動きでミットをストライクゾーンへと引き寄せる。これを「フレーミング」というそうだ。捕球技術の高いキャッチャーは、三〇センチ近く内側へと引き寄せる。技術の高くないキャッチャーは球の勢いに流され、ストライクゾーンから一五センチも外側にずらしてしまうことがあるらしい。これでは、ピッチャーはたまったものではない。

教室での授業に置き換えてみよう。子どもの発言が、一見「的外れのボール球」であったとしても、授業者はいかにストライクゾーンへフレーミングできるかということだ。

『はしの上のおおかみ』（作・奈街三郎《なまちさぶろう》）という定番の読み物がある。これを使った小学一年生の道徳科の授業が紹介されていた。（朝日新聞 二〇二〇年九月六日）

一本橋の上でウサギに出くわすと「もどれ、もどれ」と、どなるオオカミ。ところが、クマと出会ったオオカミは「どうぞ、お先に」と態度を一変。すると、クマはオオカミをさっと抱き上げて渡らせてくれた。翌日、ウサギと出会ったオオカミは、クマにしてもらったとおりのことをウサギにする。

「親切、思いやり」について考える授業だ。教師はオオカミが変容した理由を子どもたちに問うた。クマに親切にしてもらったから、という意見がつづく。

そのときA子が「ウサギさん、かわいそう」と一言。教師は、自ら手を挙げて意見を言ったことをほめたあと、「質問をよく聴いてね」と返した。

A子は自分から発言した点をほめられても、満足できただろうか。

以前は「こら、こら」とにらみつけ、どなってきたオオカミだ。突然抱っこされるなんて、ウサギは恐怖心が募るばかり――。A子の気持ちが痛いほど想像できる。

「A子さんは、そのことがずっと気になってたんだ。みんなは、どう？」

こう返せば、さまざまな意見が出たことだろう。核心に迫る授業はそこから始まるのではないかとさえ思う。

「これまでのこと、ゴメンね」

その一言もなく、オオカミはウサギを抱き上げた。クマに親切にしてもらったからといって、急に同じ行為を受け継ぐなんて、こんなオオカミをすぐには信用できない。そのような道徳的感性を持つ子どもはA子だけではないはず。筋を通し、段階をふんで考えていくうえで、A子の意見は妥当であり、貴重である。

ところが、先生は「質問をよく聴いてね」。つまり、これからはボール球を投げないでね、というわけだ。A子にすれば「先生。わたしの意見をよく聴いてね」と言いたいところだろう。

授業者が特定のストライクゾーンを決め込み、そこから外れる意見はすべてボール球。これでは投球意欲を喪失する子どもも出てくるのではないか。

フレーミングを柔軟におこなうこと。いや、それよりもストライクゾーンをいかに広げるか。これが基本である。

しかし、そのようなわかりきったことがなぜできないのか。ひとつは、時間に追われているなかで、どの意見も受け入れていると「授業がまとまらなくなる」という恐れだ。それがストライクゾーンを狭め、結果的に異見の排除、思考の均一化をもたらしてしまうのだろう。

もうひとつ。学級担任をしている友人の意見だが、「全国学力・学習状況調査」の影が授業に忍び寄っているという。同調査では質問から外れた解答には×がつく。そのため、ふだんの授業もついついストライクゾーンを狭めてしまうという。これが全国的傾向なら空恐ろしいことだ。子どもも教師も委縮して、授業文化は衰退の一途をたどることになる。

さらにひとつは、授業者の成熟度の問題がある。指導案を念頭に、教え込んで、ひたすらゴールへと前のめりになる。そのため、眼前の子どもの意見が読み取れない事態が起こっている。

教師の日常的な多忙化が精神的な余裕、柔軟性、想像力を奪っている現実は深刻だ。わけても教師の持つ想像力。これが授業で機能すれば、ストライクゾーンは豊かに、的確に広がるはず。その分、授業における学びの質はより豊かさを増すことになる。

ストライクゾーンの狭さ。これは「プロクルステスの寝台」というギリシャ神話にも通じる。旅人を寝台に寝かせて、体がはみ出したら、その部分を切り落とす。体が短ければ無理に引き伸ばして、寝台に合わせる。やがては旅人のいのちを奪ってしまうという話だ。

寝台を旅人の体に合わせるべきでしょう。

『はしの上のおおかみ』の可能性は大きい

前回、『はしの上のおおかみ』という読み物を使った道徳科の授業について取り上げた。この授業で、オオカミが変容した理由を教師が子どもに問う。すると、クマに親切にしてもらったからという意見がつづくなかで、A子が「ウサギさん、かわいそう」と発言。教師は「質問をよく聴いてね」と返すだけだった。

この点について、前回は教師の「ストライクゾーン」の問題として管見を述べた。今回は子どもの「ストライクゾーン」について考えてみたい。

「こら、こら」とにらみつけ、どなってくるオオカミに、突然抱っこされたウサギさんは怖かっただろうなあ。自分だったら、泣き出したにちがいない。

A子はそう感じたのだろう。オオカミは怖いもの、という刷り込みが多分に影響しているのかもしれない。

じつは、拙著『道徳科の「授業革命」 人権を基軸に』（解放出版社 二〇一八年）のなかでも、

『はしの上のおおかみ』について一五ページにわたって取り上げている。

だが、A子のような意見は想定していなかった。以前、学生と教材研究をしているとき、「硬い毛におおわれた体と、蜂蜜などでベトベトの手。そんなクマに抱っこされるのはちょっと……」というリアルな意見が出たことは記憶しているが。

拙著では、子どもに次のような発問をしてはどうか、と提案している。

「オオカミはどうしてえらそうにしていたのだろう」

子どもは自分の経験もふまえつつ、一年生ならではの意見を述べてくれるにちがいない。

「さみしかったから」

「だれかにいじめられた仕返し」

「かまってほしかった」

「ともだちがほしいから」

「わがままに育てられたから」

…………

この応答を通じて、次のような授業展開を構想したのだ。

「よくないとされている行為の背景には、おおかみなりの理由がある。そのことが理解できている子ども、意見を聴いて新たに気づく子ども、理解に苦しむ子ども、これからどうすればよいかについて新たな行動提起をしてくれる子ども……。さまざまな子どもの育ちの姿がくっきり具現する発問として、とても興味深い。

また、このおおかみは生まれてはじめてほかの動物からやさしくしてもらったんじゃないかなど、『被尊感情』がもてなかったことへの気づきが教室のなかに生まれることも期待したい」「オオカミは怖い」と思い込んでいるA子が、仲間の意見を聴きながら、どのような考えに至るか。オオカミは、ほんとうは友だちがいなくてさみしかったのかも……、など新たな思いをいだき始めることは十分ありうる。

この授業は「親切、思いやり」について考えることをめざしている。一見わんぱく者のオオカミだが、その背景にあるものを想像することによって、これまで思い描いていた負のオオカミ像が溶解していくとき、A子をはじめ一年生の子どもたちは、相手に思いをはせ、他者を受け入れる。つまり「ストライクゾーン」を自ら拡大していくことになるのではないか。

教師の想定内の発言が子どもから続出。おかげで板書計画も順調に進行。教師は悦に入った表情で子どもの前に立ちつづける。そのような授業を先日見た。

一方、子どもから想定外の意見が飛び出し、教師は必死の表情を浮かべながら立ち往生する授業もある。しかし、そのような授業のほうが、子どもといっしょになって深い学びに向かう可能性があるのではないか。もちろん教師は心中穏やかではない。だが、その真剣な形相が子どもには伝わるものだ。

こんなとき、あえて授業者は自分にそう言い聞かせながら、気持ちを静め、授業に打ち込めばよいのである。

気を取り直し、授業を「再開」。ところが、次のような意見が飛び出して、またしても大きな衝撃を食らう。

「一本橋だから、もめごとが起こるんや。みんなで、もっと広い大きな橋をつくったらいい」

決して的外れなボール球ではない。これぞ持続可能な「親切、思いやり」といえるダイナミックな提案だ。が、あわてる必要はない。

「ほーっ。みんなはどう思う」

授業者が意見を言う必要はない。すまし顔で子どもたちに返せばよいのだ。子どもが考えるチャンスを教師が奪ってはいけない。

柔軟でひらかれた意見が自由に飛び交う教室。そこに育つ子どもたちが、人権・民主主義社会の頼もしい担い手となる。

『かぼちゃのつる』と運転手

みつばちから注意されても「ふん、かまうもんか」。ちょうちょにアドバイスされても「よけいなおせわだ」。

他者の言うことなどお構いなし。かぼちゃはつるをどんどん伸ばしていく。すいか畑に侵入。「はいってこないでよ」と、すいかから苦情を申し立てられても「けちけちするなよ」。こいぬに「ここは、みんながとおるみちだよ」と苦言を呈されても「ぜいたくいうな」。

とうとう、かぼちゃは路上にまでつるを伸ばしてしまう。

なかなか一筋縄ではいかないかぼちゃだ。一方、みつばちやちょうちょたちの「注意の仕方」はどうだろう。あまりにも定石通りである。対応の仕方にも問題が感じられてならない。

道徳科の教科書（一年生用）に出てくる『かぼちゃのつる』（作・大蔵宏之《おおくらひろゆき》）である。

かぼちゃはある日、交通事故に遭遇。つるが車にひかれてしまうのだ。「いたいよう、いたいよう」と、泣いているところで話は終わる。

授業では「わがまま」について考え、自己をふり返る読み物として以前から使われてきた。「節度、節制」「健康や安全に気を付け、物や金銭を大切にし、身の回りを整え、わがままをしないで、規則正しい生活をすること」について考え、対話を深める。そのための素材としては代表的なものとされている。

かぼちゃがいきいきとつるを伸ばすことは「わがまま」なのか。それは特性ではないのか。子どもの個的特性まで否定するような扱い方で、この読み物が授業に使用されることには問題がある。そのような指摘はしばしばなされてきた。

また、次のような主張もある。

「人々を自由にする道徳教育ではなく、人々を窮屈な型に閉じこめて引きこもることを教える。『かぼちゃのつる』のような息苦しい道徳教育は、もっと自由で開かれた形に変えていくべきなのです」（松下《まつした》良平《りょうへい》 月刊誌『第三文明』七月号 二〇一五）

「わがまま」と「個的特性」の間に線を引く。これを検定教科書がしてしまうことは問題ではないか、という指摘もある。だからこそ考え、対話が深まる授業が求められるのだが、この教材にはもうひとつ気がかりなところがある。それは最後の場面だ。

「あっというまにひかれて、かぼちゃのつるは、きれてしまいました」

子どもはこの場面をどのように考えるだろう。空気を読む子どもは自業自得論や自己責任論、さらには勧善懲悪論を「一年生ことば」で語るかもしれない。その意見に教室全体が傾いてしまい、授業者もしたり顔になってしまう。

はたして、そのような授業でよいのだろうか。

童話『したきりすずめ』は、悪さをした雀《すずめ》の舌をおばあさんがチョキンと切ってしまう。物語はそこからはじまる。だが、『かぼちゃのつる』は切られて「いたいよう、いたいよう」と泣いているところで、おしまい。

子どもから次のような意見が出ないだろうか。

「かぼちゃ、かわいそう。この車、ひき逃げや」

「この運転手、ブレーキもかけず、わがまま運転してる」

多面的・多角的な思考のできる子どもが育つ教室なら、このような意見は当然のように出るだろう。ふだんから一面的・一角的な思考しかできない窮屈な教室では、そのような意見を言ってはいけないと、子どもがブレーキをかけるにちがいない。

仮に「わがまま」という一点に焦点化した授業をするにしても、自業自得論による「わがまま撲滅」を唯一のゴールとするのか。それとも「一寸の虫にも五分の魂」論、いや「五分の虫にも一寸の魂」論の立場で考え、問題解決のための方法について問いつづけるのか。

授業論の分水嶺《ぶんすいれい》はこのあたりにありそうだ。

人権を基軸とした道徳科の授業。これを大切にするには、もちろん後者の立場から子どもといっしょに考え合いたいものである。

「自分が運転手だったらどうしますか」と、子どもたちに問いかけてみてはどうだろう。すてきな結末を迎えるストーリーが紡ぎだされるかもしれない……。

「急ブレーキをかけた運転手は、あわてて車から降りてきました。

『だいじょうぶですか。けがはなかったですか。ああ、よかった。ごめんなさいね』

自分のことをこんなに心配してくれる運転手さんの顔を見ながら、かぼちゃは大切なことに気がつきました」

暴力的な結末ではなく、あくまでも非暴力。痛い目に合わせるのではなく、内面に痛みを感じる人権感覚・共感力。これを求め、それを願って、アサーションという対話の方法などが人権教育では地道に取り組まれてきた。

道徳科の授業のなかに「人権の水」をことごとく浸透させ、そのことによって子ども自ら「豊かな道徳性の花」を内面に咲かせてくれることを希求したいものである。水がなければ、やがて花は枯れ落ちる。人権教育の充実なくして「道徳性」に実りなし。

そのような強い願いを込めた本が、二〇一八年六月に出版された。『道徳科の「授業革命」人権を基軸に』（解放出版社）。筆者は園田雅春。ご高評くだされば うれしいかぎりです。

「授業」と車の運転

自宅からJR高槻《たかつき》駅まで車で約二〇分。所要時間は日によってやや異なる。

いつもは混まない所なのに、工事車両が片側をふさいでいるときもある。市バスが停留所で止まれば、後続車もストップせざるをえない狭路がある。横断歩道でもない所を渡る人がいると、徐行を余儀なくされる。

いつもの通い慣れた道路でも、状況は毎回ちがっていて、同じ運転操作で済むという日は一日もない。これは「日々の授業」と似通った面がある。

指導案という「地図」をあらかじめ用意していても、授業はそのとおりには進まない。予期せぬ発言が生まれ、立ち止まってしまうこともある。立ち止まらずに進んでしまい、後悔するときもある。ゴールを急ぐあまり、大切な意見を反故《ほご》にしてしまうこともある。

先日、兵庫県A市の小学校で道徳の公開授業を観る機会を得た。

『どこんじょうだいこんの大ちゃん』（道徳教育副読本　一・二年『こころ　はばたく』兵庫県教育委

員会）という読み物を使って「生命の尊さ」について考える授業。

資料のあらましはこうだ。

アスファルトを突き破り、丸々と太った大根が路面に。すっかり町の人気ものとなり、見物人も増えてきた。そんなある日、何者かによって折られてしまい、痛々しい姿に。多くの人が心配そうに現場を取り囲んでいる。そこへ市役所のおじさんがやってきて「大切に育てて、元気を取りもどします」と約束。先日まで入院していたさやかも一安心。「大ちゃん、がんばれ」と笑顔になる。

これは兵庫県相生《あいおい》市での実話を元にして書き下ろされたもの。頭に浮かんでくるのが低学年の定番教材『かぼちゃのつる』（作・大蔵宏之）だ。路上にまで、ぐんぐんつるを伸ばし、さいごには、無残にもトラックに轢《ひ》かれてしまうかぼちゃ。このかぼちゃの自己責任ばかりを問うかのようなストーリー展開。また、実際の授業もその域を超えないものがほとんどである。

『どこんじょうだいこんの大ちゃん』は『かぼちゃのつる』とはあまりにも対照的な読み物だ。かぼちゃのつるを、前方不注意によって轢いてしまったトラック運転手よ。大勢の相生市民や「市役所のおじさん」たちの爪のアカでも煎じて、毎日腹いっぱい飲んではいかがか。

授業中の「ハンドルさばき」に話をもどそう。当日の授業は生命の尊さについて「自分自身の生活に落とし込む」ことを主眼におこなわれた。

道徳科の授業なのに、お話世界で始まって、お話世界のなかだけで終わってしまう、まるで国語科のような授業も少なくない。そうではなく、お話世界を滑走路として飛び立ち、自分たちの生活に根ざした対話（生活対話）を深め合う。そして考えを高めていく。今回は二年生の教室でそれがめざされた。

「命を大切にできなかったと思う人。大切にできたと思う人」

授業の後半。これまでの自分をふり返る問いかけに、子どもたちは「飼っていた昆虫が成長した」「野菜を育てられなかった」「ピーマンの世話をお母さんに任せてしまった」など、次々に語っていった。

そのときだ。おそらく授業者も想定していなかったであろう意見が飛び出した。

「私の家のなかにカメムシがいて、大切に育てています」

ずっと沈黙を保っていた女の子が表情ひとつ変えずに発言した。教室前方の窓際で参観していた私は、この瞬間もっとも緊張した。ほかの子どもたちは意表を突かれたのか、無言。

授業者は笑顔で一言。

「逃がしてあげてもいいんちゃうかな」

そして話題は次へと移っていった。

一般的には、カメムシは嫌われもの。だからこそ一旦停止して、その子の思いに耳を傾けるべきだった。ほかの子どもたちの声も聴いてみたかった。

授業のあと、彼女にそっと訊《き》いてみた。すると、このような答えが返ってきた。

「お母さんが大事にしているの」

授業のなかで、この親子の会話の一端を聴くことができたなら、その授業はひと味もふた味もちがったものになったのではないか。

カメムシは悪臭を放つ。だが、外部から刺激を与えないかぎり大丈夫という習性も、彼女は体験的に熟知しているはずだ。

カメムシに対する偏見が解かれ、さらには『五分の虫にも一寸の魂』という名言に通じる生命観を、二年生なりに理解する好機となったのでは……。

授業者が想定していなかった意見が飛び出したときこそ、徐行もしくは一旦停止。左右をじっくり確認したいものだ。

そのとき、ふだん見落としがちな新しい情景が見えてくるにちがいない。

『星野君の二塁打』と偏見

選手権大会への出場がかかった少年野球の試合。同点で迎えた最終回。ノーアウト、ランナー一塁。打席に立った星野は、打てそうな予感がしていた。ところが、監督の出したサインは送りバント。星野はピッチャーが投げた球に、反射的にバットを振り、二塁打を放つ。この一打でチームは勝利し、選手権大会への出場権を手にした。

翌日、星野は監督から選手権大会の出場禁止を宣告される。理由はこうだ。

「いくら結果がよかったからといって、約束を破ったことには変わりはないんだ」

「ぎせいの精神の分からない人間は、社会に出たって、社会をよくすることなんか、とてもできないんだよ」

これは『星野君の二塁打』（作・吉田甲子太郎《よしだきねたろう》）という物語。道徳科の教科書（六年生用）にも複数の社が採用している。

内容項目との対応でいえば［規則の尊重］「法やきまりの意義を理解した上で進んでそれら

を守り、自他の権利を大切にし、義務を果たすこと」や、「よりよい学校生活、集団生活の充実」「先生や学校の人々を敬愛し、みんなで協力し合ってよりよい学級や学校をつくるとともに、様々な集団の中での自分の役割を自覚して集団生活の充実に努めること」について考え、対話を深めるための教材とされている。

二〇二一年春までの三年間、私は琵琶湖《びわこ》西岸に位置する大学で「道徳の指導法」などを担当。余談だが、満員電車でストレスをため込むという日々から解放され、湖面を眺めながら小旅行気分で通勤していた。

第一回の授業にあたり、何か「道徳の授業開き」にふさわしい素材はないものかと探った。その結果『星野君の二塁打』を紹介することにした。受講生はスポーツ学部に在籍し、保健体育の教師を志す学生たちだ。若きアスリートは、この教材をどのように受け止めるだろう。興味が湧き上がった。

しかし、だいたいの予想はついていた。上下関係の重視。ましてや監督の指示となれば絶対的。それに背いて、自己判断でヒッティングに出た星野には批判が集中するにちがいない。

「星野選手の判断について、それでよかったと思うか。そうは思わないか」

学生たちにズバリ問うてみることにした。その前段で次の一点だけ申し添えた。

「教材を扱うとき、授業者は本時の目標をふまえてどのような発問を用意するか。これが重要。

発問によって授業の流れが大きく変わってしまいます。ただし、誘導的な発問はよくない」

すると、学生たちはさまざまな発問を考えた。

「星野の判断についてどう思うか」

「自分が星野だったら、どうするか」

「監督の星野に対する処罰についてどう思うか」

「自分がこのチームのキャプテンだったら、星野の処罰を知ってどうするか」

「自分が同じチームメイトだとしたら、処罰に対してどう思うか」

…………

まさに多面的な発問が工夫された。

そのなかでも多数を占めた「星野の判断の是非」について、自分の考えを率直に述べてもらった。一部を紹介してみよう。

「監督はあくまでベンチからの指示。選手は相手ピッチャーと色んな駆け引きがあって状況が変わってくる。最後に判断するのは自分自身なのだ」

「星野は反射的に打ってしまっただけで、作戦は守ろうとしていたのでは」

「ルールを守ることは大事だが、ときには大事な判断場面や瞬間がある」

「社会では臨機応変な対応も大切だ」

「言われた通りにしか動けない人より、自分で動ける人のほうが社会で重要だ」

「監督はルールを選手に押しつけているだけではないか」

「バント＝犠牲の精神という考えがよくない。あくまでも戦術の一つであり、犠牲として教えるのではなくチームプレーを大切にする観点が大切である」

「監督の怒り方や処罰がいじめに近い。星野への罰や言い方をもう少し柔らかくすればよかったと思う」

「出場禁止などという罰ではなく監督は次の試合に向けてチームスポーツの大切さ、チームとしての団結力を高める発言をすべきだった」

「星野は打てそうな予感がしていたのに、監督はバントのサインを出した。監督がもっと選手を見ていたら、出すサインも変わってくるのではないか」

星野選手の判断を支持する意見が圧倒した。そして理由も多角的だ。

もちろん、若干の異論はあった。

「これを許すとチームが壊れてしまう」

「野球は確率のスポーツである。監督のとった行動は正しいと思う」など。

今回は対話を深めるまでには至らなかった。

だが、ひとつだけ「評価」すべき点がある。それは私のステレオタイプな予想、古びた「偏見」がバッサリと切って落とされたことだ。

参った！

『ぼくの草取り体験』と暴言

毎年、住宅内にある三つの公園で「草取り」をおこなう。自治会の呼びかけで年に二回、一時間ほどの作業だ。

この秋は大型台風が襲来したため、大量の枝葉や飛来物を清掃する日が特別に設けられた。急な呼びかけにもかかわらず、用意されていた缶ジュースが不足するほどの参加人数となった。新興住宅地のため共同体意識は希薄なのだが、相手が広げてくれるゴミ袋のなかに、落ち葉を両手でかき集めて放り込む。そのような一連の作業のなかから、新鮮なつながりが感じ取れるひとときだった。

今回もそうだが、小学生の参加が一部に見られた。きっと、保護者のひと声があってのことだろう。

公園清掃で毎回思うのだが、おとなたちの作業の場に、子どもが参加することはもっと促されてよい。子どもにとっても馴染《なじ》みの公園である。おとなばかりが「草取り」を独占してしまうのはあまり望ましいことではない。

道徳科の読み物教材に『ぼくの草取り体験』（作・坂部俊次『小学校 読み物資料とその利用』文部省 中・高学年用）というのがある。［勤労、公共の精神］について考えるための素材だ。

あらましは次のとおり。

両親に急用ができたため、四年生のとおるは公園の草取りにしぶしぶ出かける。すると、ひろしも来ていた。ひろしはいう。

「ぼくはこの公園でよく遊ぶし、大人の人たちも、みんなが気持ちよく遊べるようにと、草を取ってくれているんだもの」

とおるはひろしと並んで草取りに励む。翌日、学校の帰りがけに公園の横を通ったとき、とおるにはいつもの公園がすっきりして広く見えた。小さな子どもたちが、そこで楽しそうに遊んでいる姿を見て、とおるはうれしくなる。

おとなは公園の草取り作業。子どもは塾通いやゲーム遊びに専念。このような奇妙な光景に比べると、ひろしたちの姿は実にあっぱれ、さわやかである。

子どもがおとなたちと対等に肩を並べて、草取りに汗を流す。そして、とおるが得たような充実感や自己有用感をしみじみと味わう。それはとても貴重な体験ではないか。

この教材を通じて、自己体験にもとづくさまざまな対話が期待できそうだ。とくに、「公園がすっきりして広く見えた」という、とおるの感慨は共感できるはず。また、子どもが「社会参加」について考えるきっかけをつかむこともできるだろう。

さらには、自分たちの近くの公園掃除は、だれがしているのか。年に何回おこなわれているのか。子どもの参加はどうなっているのか。設置してほしい遊具はないか。危険箇所はないか。このような「社会調査」も実施しながら、自分たちで課題を見つけ、よりよい街づくりへと考えを進めていく学習も追求したいものだ。

道徳科、特別活動、総合的な学習の垣根を低くして、柔軟かつアクティブな学びをつくり出す。そのことによって、主体的に深く愉《たの》しく学ぶ子どもの姿を目の当たりにすることができるにちがいない。カリキュラム・マネジメントのねらいはここにあり、である。

教材『ぼくの草取り体験』は、内容項目でいえば［勤労、公共の精神］「働くことの大切さを知り、進んでみんなのために働くこと」について考え、対話を深めるための素材として扱われることが多い。

こと「勤労」に関して、最近目に留まった新聞記事がある。ぜひ紹介しておきたい。

都内の自治体からゴミ収集を受託している会社で働く三〇代男性の投書である。

作業中つらいのが、一部の住人からひどい言葉を浴びせられることだという。「臭いから早く持っていけ」「勉強をしないから、こんな仕事をすることになる」など大きな声でいわれるそうだ。理不尽な暴言に反論したいため、上司に訴える。すると返答は「我慢してくれ」。仕事を失うことを恐れて、委託元の自治体には伝えてくれないのだ。

投書はこう結ばれている。

「仲間内で愚痴を聞いてもらうよりなく、やりきれません」（朝日新聞二〇一八年九月一七日）

この夏は記録的な猛暑日がつづいた。そのなかでの作業は想像を絶するものがあったにちがいない。「理不尽な暴言」に対して投書で訴える男性。その理性と知性の深さに頭が下がる。

自分だったらどうしたか。上司の対応は是か非か。この男性に手紙を書いてみよう……。

リアリティあるノンフィクションの投書。これを貴重な教材として、道徳科の授業を子どもとつくってみてはどうだろう。

『ヒキガエルとロバ』の悲しみと怒り

雨上がりの泥道を、学校帰りのアドルフたちが歩いている。そこへ、一匹のヒキガエルが跳び出した。アドルフたちは石を投げはじめる。ヒキガエルはどうにか車のわだちに逃げ込んだ。そのとき、向こうから荷車を引いたロバがゆっくりやってくる。年老いたロバは農夫にむち打たれながら、荷カゴいっぱいの野菜を一歩一歩踏みしめるようにして運んでいる。

「アドルフ、ヒキガエルのやつ荷車にひかれるぞ」

傷ついて、動けなくなったヒキガエル。それを子どもたちは愉快そうに眺めている。ロバは荒い息をはきつつ、ふと目の前のヒキガエルに気づく。目を閉じたままの小さな生きものを、ロバはやさしくじっと見つめる。農夫は動きを止めたロバに、いっそう激しくむちを打つ。

「ヒヒーン！」

ロバは足をふん張り、全力を振りしぼるようにして前進。荷車は新しいわだちをつけ、ヒキガエルの横を通り過ぎていく。アドルフたちは、くぼみのなかのヒキガエルと、遠ざかっていくロバの姿をいつまでもいつまでも眺めていた。

これは『ヒキガエルとロバ』（作・徳満哲夫）という読み物のあらましだ。『わたしたちの道徳』三・四年生（文部科学省）に掲載。現在は道徳科の教科書にも採用されている。「生命の尊さ」について学ぶ定番の読み物である。

遠ざかっていくロバの姿をいつまでも眺めているシーンは、子どもたちもきっと声をそろえるに違いない。「『はしの上のおおかみ』といっしょや」と。

ロバは、なぜヒキガエルのいのちを救うことになったのか。それは、このロバが「生命の尊さ」を十分理解していたから、と考えることには少し無理があるだろう。だが、全力を振りしぼるようにして、ヒキガエルを救おうとしたのは事実であり、そこにはやはり特別なわけがありそうだ。

「ロバは、目をとじている小さな生き物に鼻を近付け、友達を見るようなやさしい目でじっと見続けていた」

瀕死《ひんし》の状態にあるヒキガエルの姿。それがロバには自分と重なったのだろう。それゆえに他人事とは思えない気持ちから、最後の力を振りしぼることができたのだ。他者との「つらいことの共有感」が、揺るぎない連帯意識を生んだともいえるだろう。したがって、これは「生命の尊さ」という価値意識が先行したものではない。むしろ、ひりひりとした友愛心から、失うわけにはいかない仲間の「生命」を、結果的に護《まも》りぬいた、ととらえるのが一般的だろう。
むろん、その一部始終を傍観していたアドルフたちは、ロバの行動を目の当たりにすること
によって、自省の念を深めていく。
ここで、視点をヒキガエルに置き換えてみたい。
道徳科の授業では、ほとんどがアドルフたちとロバの行動に焦点化されがちである。だが、
多面的・多角的な思考を重視するなら、ヒキガエルの視点から、この読み物をどうとらえるか
ということをわすれるわけにはいかない。
「自分がヒキガエルの立場だったら、どのような気持ちになるか」
子どもたちに想像してもらい、ヒキガエルの思いをすべて書き出してみてはどうだろう。
どうして自分は石を投げつけられないといけないのですか。雨上がりの道ばたで、私はふっ
うにひと跳ねしただけです。いつもどおりに自然な動きをしたにすぎません。自分がふだん暮
らしているところで、ふだんどおりにピョンとひと跳ねしただけのことです。そこをたまたま
通りかかったアドルフたちに、私は何か悪いことでもしたのでしょうか――。
ところが、アドルフたちは叫んだ。
「ヒキガエルだぞ！」
「石をぶつけてやれ！」

ヒキガエルはたちまち生命の危険にさらされる。存在そのものを頭から否定されたも同然のこと。

これほど理不尽なことはない。納得できることなど一点もない。「生命の尊さ」の全否定。このようなことは絶対に許されるものではない。許してはならない。怒りをもって、そう断じてやまない。

『ヒキガエルとロバ』を読んだあと、次の文章を再読した。

おだやかな書きぶりの向こうから伝わってくるものは、あまりにも大きく尊い。

「ただただ、静かに暮らしたい。私も私の家族も何かしたわけではありません。ただ、そこに住んでいるだけで、差別される現実を理解して欲しいと思います。つらい思いをしていることをわかって欲しいと、日々頑張っています」

（『二〇一七年度 被差別体験の聞き取り』部落解放同盟鳥取県連合会）

『ヨシト』とインクルージョン

周囲に合わせること、場の空気を察することがヨシトは苦手だ。

何事にも「マイペース」なため、学級のみんなはヨシトのことを「変わってる」「空気の読めないやつ」などと陰で言う。幼なじみの僕は、そのような陰口を聞くと「ヨシトが何か人に嫌がられるようなことをしたのか」と、言いたくなる。でも、口には出せない。

中学生になって、ヨシトはさらに「浮いた存在」となり、しゃべる相手は僕だけ。やがて僕もまわりの目が気になりだして、ヨシトを避けたい気持ちが生まれてきた。

そんなある日。チェーンが外れた古い自転車を、道端で直しているヨシトに出くわす。「新しい自転車買ってもらえよ」と僕。すると、ヨシトは「五年生の誕生日にお母さんが買ってくれたんだ。喜んでる僕を見て、お母さんの方がうれしそうだったんだ」と笑顔で返答。自分よりはるかに家族思いでおとなだ。僕はヨシトを大きく見直してしまう。

中学校の道徳科で扱われる『ヨシト』（作・荒木篤人　奈良県教育委員会）という読み物のあら

ました。教科書にも掲載されている。子どもたちには身近な内容だ。生活実感をもって学ぶことができるはずである。

「変わってる人間」「空気の読めない人間」は外されて当然。原因は本人にある。だから、「浮いた存在」「空気の読めない人間」にはならないよう努めなければ――。このような考えを助長するリスキーな作品。そう指摘する意見も一部にあるようだ。

しかし、そうではないだろう。子どもたちの多くが経験したことのある「同調圧力」というものに、正面から切り込んで、考えを深めていくことができる。それがこの読み物である。

ヨシトはたしかに「マイペース」なのだろう。だが、ほんとうに「何事にもマイペース」なのか。また、ことごとく周囲のことが気にならず、まったく空気も読めない人間なのか。

「いやいや、とんでもない」

僕は声を大にして、きっとそう主張するにちがいない。自転車を直しながらヨシトが話してくれた内容からも、僕はそう確信しているはずだ。

ヨシトのもっとも近くにいる僕だからこそ、ヨシトのことをよく知っている。よくわかっているのだ。

「空気が読めない」

仮にこれがヨシトの「問題点」だとするなら、授業では次のように問うてみたいものだ。

ヨシトはいつでもどこでも、ほんとうに一二〇%そうなのだろうか。するとと、「いや、そうではない」ということが根拠をもって語られて、ヨシトに対する新たな理解が広がるはずだ。

相手をろくに知りもせずに、決めつけと偏見ばかりを先行させてしまう世間。そうではなく「空気の読めないやつ」「問題のあるやつ」と決め込んでいたものの、その人のまったく問題とならないところ、空気を読む姿。この一点の「つぼみ」を見つけ、そこにリスペクトの光を注いでしまう。僕は、ヨシトに対してそれを見事におこなっている。

さらに、文中で僕がいみじくも語る「ヨシトが何か人に嫌がられるようなことをしたのか」という問い。これは重要かつ鋭い問いである。あの「ヒキガエル」の気持ちが思い起こされる。

また、「変わってる人」「空気が読めない人」「マイペースな人」は問題なのか、排除されなければならないのだろうか。では、「変わってない人」「空気が読める人」「マイペースでない人」は問題のない人なのか、という根本的な問いについても考え合いたいものだ。

これらの問いについてあらためて考えていくための素材。それが『ヨシト』なのである。

自分たちの学級、自分たちの暮らし、自分たちの固定観念というものについて立ち止まって考える。そして共に深め合う授業をめざすことができる読み物だ。結果的に、その学びが多様性を相互に承認し、インクルーシブな社会の実現に一歩も二歩も踏み出していくことにつながるだろう。

一人残らず安心して互いによりよく生きていくことのできる学級・学校、そして社会。それは子どもたちもわたしたちも願うところである。

学級のなかに「ヨシト」はきっといるはずだ。また、自分のなかにも「ヨシト」は存在しているのではないか。

「ヨシト」の存在を承認すること。それは他者の存在承認と同時に、自己の存在肯定でもあるだろう。

ただひとつ見過ごせないこと。それはヨシトには僕という重要な他者がそばにいるという点だ。僕の存在の有り無し。これはきわめて大きい。インクルージョンのための、もう一人のキーパーソンといっても過言ではないだろう。

素材から飛び立ち、現実の学級そして自分と重ねながら「ヨシト」について本心から語り合う授業が期待できる。

小学校高学年で扱うことも十分可能だ。お薦めしたい。

『二通の手紙』その是非論

元さんは動物園の入園係。ある日、入園終了時刻が過ぎてから、入り口に小さな姉弟二人がやってくる。いったんは断るが、弟の誕生日ということを知った元さんは、二人を特別に入れてやる。ところが、閉門時刻になっても、二人は姿を見せない。職員挙げての捜索が始まり、雑木林のなかの小さな池で、二人が遊んでいるところを発見。事なきを得た。

数日後、元さんに一通の手紙が届く。子どもたちの母親から感謝の手紙だ。そして間もなく、元さんはもう一通の手紙を受け取る。それは「停職処分」の文書だった。元さんは自分の非を認め、晴れ晴れとした顔で職場を去る。

これは中学校の道徳科の授業、その定番教材『二通の手紙』(作・白木《しらき》みどり)のあらまし。内容項目は［遵法精神、公徳心］(見出し)となっている。教科書にも採用されている。

子ども二人の入園を許した元さんの判断は是か非か。生徒に問うと、意見は二分される。学生にも問うてみたが、やはり、ほぼ二分された。

「きまりは、どのようなことがあっても守らなければならないものだ」

「きまりよりも大事なものが世の中にはある。それは人間の誠意だ」

停職処分を受けた元さんは、次のように語る。

「私の無責任な判断で、万が一事故にでもなっていたらと思うと……。この年になって初めて考えさせられることばかりです」

新米職員ならまだしも、元さんは定年を間近に控えたベテラン職員。その人のことばとは信じがたい。「無責任な自己判断」が、事故を誘発することは織り込み済みではないのか。

「人情味にあふれる元さんだが、率直にいって、元さんの判断は甘い」

拙著『道徳科の「授業革命」人権を基軸に』では、そのように一刀両断。同時に、個人の判断が許される園のシステムにも問題があることも指摘した。しかも、元さんだけが処分を受け、その後、システムの見直しも、園内の危険個所の点検も不問のままだ。元さんの処分をムダにしてはいけない。教訓化し、園では再発防止策を多面的に講じるべきではないのか。

ところが、元さんの辞職後に変わった点は「遵法精神」の強化だけ。「甘い」のは、元さんだけではなさそうだ。

元さんへの厳しすぎる処分の撤回、もしくは軽減を求める職場の取り組みもまったく見られない。元さんが職場を去ったことを、あの親子が知ったなら、どれほど胸を痛めるだろう。

これらについて問いかけると、学生たちの反応がおもしろかった。代表的なものを紹介してみよう。

まず、入園許可の判断について。

「自分は現在、アルバイトでウォータースライダーの監視をしているが、時間になれば入場をやめなければならない。しかし、そこで『あと一人』と情で入れてしまうと、次々に子どもたちが来るので、止めることができなくなる。他のスタッフが行なっているのを見ていると、やはり止めることができないので、私はあと一人入れそうでも時間になったらそこで止めるようにしている。そのとき最後の一人が滑り終わるまでしっかり見ているので、元さんも最後まで責任を持つべきだった」

「園田先生の本では『小さな姉弟には、四時までに来るようにわかりやすく説明すべきだった。シールか何か、動物園のオリジナル・グッズでもあれば二人にプレゼントして、次回会うことを約束し、笑顔でバイバイすればよかったのに』と書いてあったが、私はその意見には反対だ。子どもをモノで釣るようなことをしてはいけないと思う。四時からではゆっくり見学できないことを伝えて帰ってもらうべきだった」

「元さん、または他のスタッフが子ども二人に付き添いながら、閉門時間まで園全体の見回りもすべきである。そうしたら問題も起きなかったはずだ」

次に、元さんの人権と処分に関しては。

「元さんを停職処分にした上司の人間性を問いたい。厳重注意ぐらいでよかったのではないのか。上司の監督責任は問題にしなくてよいものか」

「他の同僚も、元さんが子どもの入場を許可したことに納得していたのだから、いわば同罪。それなのに元さんだけが処分されるのを黙って見ているだけなら、これは子どものいじめにおける『観衆』と同じではないか」

『二通の手紙』は多面的・多角的に考えていくと、対話が深まる「教材」だ。

一面的・一角的なワン・ゴールの授業をめざすと、学習者にとってじつに魅力のない「教材」と化してしまう。

『お駄賃の味』と『二通の手紙』

ある母子が遊園地にやってきた。母親は入場ゲートで若い職員にチケット二枚を手渡し、なかへ入ろうとした。が、呼び止められる。そのチケットはたしかに遊園地の招待券だが、有効期限を一か月以上過ぎていた。

若い職員は半券を切ってからそのことに気づき、母親に事情を説明。連休中のため、母子の後ろには長い列ができていた。

専務の職にある上司が、たまたま近くに立って、お辞儀しながら来場者を迎え入れていた。若い職員が困惑しているようすに気づいた専務は、母子をゲート脇に誘導。人目につきにくい所で説明を加え、窓口でチケットを購入するよう促した。母親は頭を下げた。チケットは、パート先の店長からもらったものだった。専務の説明を聞き入れ、母親は窓口に向かうものだと思っていると、子どもにこう話しかける。

「ジュンペイ、ごめん。お母さん、うっかりしちゃった。これじゃ入れないの。ごめんね。

今日は帰ろう」

子どもは黙ったまま、うな垂れてしまう。

これは短編小説『お駄賃の味』（作・森浩美《もりひろみ》 PHP文芸文庫）、その前段部分のあらましだ。

もし、自分が「専務」の立場だったらどうするか。子どもたちに問うてみたいものである。さまざまな意見が予想できる。

専務の目を通した母親の姿は、次のように表現されている。情況把握の一助として、あえて付しておこう。

「化粧気がなく青白くやつれたような顔、しばらく美容院へ行ってないのではないかと、男の私でも推測できるほどの髪。衣服もまた、着古した感は否めない」

また、男の子についてはこうだ。

「青いトレーナーは色褪《いろあ》せ、その首回りは伸び切っていた。足許《あしもと》に目を移せば、シューズの爪先は擦り切れている」

この作品を道徳科の授業で扱う場合、主題つまり、どの内容項目を念頭において授業を組み立てるのか。それによって、かなり方向性は変わってくる。

中学校で扱う場合、たとえば「B　主として人との関わりに関すること」の［思いやり、感謝］について考える授業をめざすのか。それとも「C　主として集団や社会との関わりに関すること」の［遵法精神、公徳心］について考える授業をめざすのか。

いずれか一方をめざす授業。それとも二つの内容項目を、あえて併存させた授業なのか。授業者は一定の意図をもって授業を構想する立場にある。

ところが、「この教材を使って、［遵法精神］について考えを深めさせる」などと、教師が意気込めば意気込むほど、子どもの柔軟な思考をはなはだしく制限してしまいかねない。まさしく「ストライクゾーン」の狭小化である。

もとより道徳科の教科書は「この教材は、この内容項目に該当する」と、前もって一対一対応させた読み物資料群がパック詰めにされている。

しかし、ほんとうにすぐれた授業というものは［思いやり、感謝］と［遵法精神、公徳心］の二つの価値について二項対立的な思考へと導くのではなく、よく考え、対話を深め、考え抜いて、二項両立的な納得解を追求。それを言語化していくことにあるのではないのか。

内容項目は授業のゴールではない。「児童（生徒）自らが道徳性を養うための手掛かり」（学習指導要領・解説）であることをわすれるわけにはいかない。

実生活を考えてみよう。私たちは（あの専務もそうであるように）何らかの事に当たるとき、ただひとつの内容項目だけを念頭に置いて、それ一本槍《いっぽんやり》で生きているだろうか。当然ながら、現実社会がそんなに単純なものなら苦労も苦悩も必要なしだ。

「問題解決的な学習」を授業に適切に取り入れ、子どもにその資質を豊かに培おうとするなら、「内容項目の相互の関連を捉え直したり発展させたりすること」が重要となる。学習指導要領にもそのように明示されている。

さて、『お駄賃の味』のなかで、あの専務は母子にどう対処したのだろう。

じつは、粋な計らいをしている。「研修生・子どもスタッフ」と記した手書きの名札を作成。それを男の子の胸に付け、ゲートで半券を来場者に手渡す役を任ずるのだ。男の子はSサイズのスタッフ・ジャンパーを着て、「にわか研修生」を見事に務めあげる。

その「お駄賃」として、母子は入園を果たすことになるのだった。

専務の機転。粋な計らい。これらは生活上の貴重な知恵であり、柔軟な「資質」である。しかし、それだけなら単なる美談で終わるところだが、この専務には過去があった。子ども時代に極貧生活を経験しており、当時の担任との「遠い記憶」がその場で一気によみがえってきたのだ——。

道徳科の定番教材『二通の手紙』に登場する入場係・元さんの甘い判断、軽率さ。加えて、その職場の冷たさ、未成熟さというものを、皮肉なほどにあぶり出してしまうのが『お駄賃の味』である。

多面的・多角的な対話が深まる授業

新聞の投書欄に考えさせられる文章を見つけた。

「やり残したことは京都の背割堤《せわりてい》の桜並木を歩くこと」

父親（93）がそう言うものだから、娘のNさん（61）は人の少ない平日を選んで出かけることにした。休暇まで取った。到着して近くの広々とした駐車場に車を止めようとすると、ガードマンがやってきて「ここは大型バス専用」と制止される。

そこで彼女は駐車場の管理者に電話を入れる。すると「いかなる理由でも駐車はできない。ただし停車して乗降はできる」という返事。

父親は高齢で、退院したばかり。酸素ボンベを付けていて、車いすを利用している。父親を駐車場に置き去りにしたまま、自分が別の駐車場を探すために車を走らせるわけにはいかない。

投書は次のように結ばれている。

「ささやかな花見の楽しみは、高齢者でも障害者でもかなえられると思っていた。規則なのは分かるが、わずか一〇分で良いのに。調べて行けばよかったのだが、ほんのちょっとの優しさでかなえられないものなのか。それは私の甘えなのか。すぐ側まで来てかなえられなかった父の夢。窓越しにガラガラの駐車場と桜が寂しく見えた。」（朝日新聞二〇一九年四月一七日）

　京都の背割堤の桜は、近年とても脚光を浴びている。桂川《かつらがわ》・宇治川《うじがわ》・木津川《きづがわ》の三河川が合流して、淀川《よどがわ》と名を変える地点。京都府八幡《やわた》市に位置する。

　とくに、宇治川と木津川が合流するところは、大洪水をよく起こしたため、両河川が程よく合流するよう一・四キロメートルにわたる「背割堤」が築かれたのだ。この堤には桜並木が毎年、美しい花のトンネルをつくり出す。

　ところが、二〇一八年の台風二一号で甚大な被害を受けた。約二四〇本の桜のうち、二〇本ほどが倒木。しかし、倒れた木から見事に花が咲いている光景がテレビでニュースになっていた。

　彼女も退院したばかりの父親に、生命力あふれる桜の木を見てほしかったのではないか。そのように想像しながら投書記事を読んだ。

　こんな二人の会話が聴こえてきた。

「おとうちゃん。来年はもっと美しい姿で花を開かせるから、必ずその姿を見に来てや、と桜たちが言うてるんやわ。きっと……」

彼女はハンドルを握りながら、父親にそのように明るくあっけらかんと言い放ったのではないだろうか。「窓越しにガラガラの駐車場と桜が寂しく見えた」と記しているが――。

それにしても、である。彼女が願った「ほんのちょっとの優しさ」について考えてみたいと思う。

ガードマンは少しの配慮をすることができなかったのか。駐車場の管理者は、彼女からの電話を受けて、多少なりとも知恵を働かせることをしなかったのか。投書を読むかぎり、二者はきまりに則して「毅然《きぜん》」と対応しただけのようだ。

さて、もし自分がガードマンだったら。電話を受けた駐車場の管理者だったら。いったいどうするか。

「わずか一〇分」と約束しても、桜に見とれて時間オーバーされないとも限らない。何よりも、きまりを破って一台の車の駐車を認めたなら、ほかの車も断れなくなってしまう。混乱の元だ。過去には温情をほどこしたため「停職処分」になった動物園職員もいた。したがって、どのような理由があろうと「遵守精神」をわすれてはいけない。「法やきまりの意義を理解し、それらを進んで守る」（中学校学習指導要領 特別の教科 道徳）。これは重要なことだ。

しかし、その日は平日。広い駐車場はガラガラ状態。駐車時間を厳守してもらうように念を押して許可すればよいではないか。車いす利用者への当然の「合理的配慮」だ。それがきまりにない現状なら、駐車場管理者へ意見具申をして、今後、駐車スペースを確保するよう現場から働きかけるべきだ。意見具申は「適正な手続を経てこれら（法やきまり）を変えることも含め、その在り方について考えること」（中学校学習指導要領解説 特別の教科 道徳編）にも該当する作為である。

それでも現行のきまりを破るわけにはいかないというなら、せめて最寄りの駐車可能な場所をていねいに情報提供すべきではなかったか。

ガードマンも管理者も対応のしかたがあまりにも威圧的かつ稚拙。これでは「法の支配」ではなく、法に縛られすぎた「人の支配」同然だ。もっと納得のいく説明責任を果たすべきだった。

このように多面的・多角的な意見によって対話が深まる投書である。

ぜひ一時間の授業を組み立てたいものだ。

『卒業文集最後の二行』を問う

「臭いがら、誰もT子に近付くなじゃ」

「毎日風呂さ入って頭を洗って来いよ」

男子たちはT子に心ないことばを平気で浴びせかける。このいじめの中心に「私」がいた。しかし、T子は涙ひとつ見せることなく、じっとがまんしていた。彼女は小さいときに母親を亡くし、二人の弟の世話もしている。父親は魚の行商をしているが、経済的にきびしい生活がつづいていた。

これは『卒業文集最後の二行』（作・一戸冬彦《いちのへふゆひこ》）という教材の前段部分である。『私たちの道徳 中学校』（文部科学省）に掲載されている読み物で、中学校の道徳科の教科書にも掲載されている定番教材。

それにしても、この前段部分で首をかしげたくなることがいくつかある。まず、このような「露骨ないじめ」を、周囲の子どもたちはただただ見ているだけだったのか。道徳科の授業でこの教材を扱った場合、生徒からそのような疑問が出されて当然である。出ないほうがおかしいだろう。

また、担任はいったい何をしていたのか。どうやらT子は、いじめられていることを担任に一度も告げていないようだ。その理由について、本文では次のように書かれている。

「担任のM先生は校内でも屈指の怖い先生なのである。M先生に告げれば我々はこっぴどく叱られ、自分も一層惨めになると考えたのではないか。」

「自分」とはT子のことである。では、周囲の子どもたちが立ち上がって担任に訴えるということはなかったのか。まったくなかったのだろう。訴えれば、自分たちが逆に叱られることを察知していたからだ。そのため露骨ないじめが、担任だけが知らないところで、ますます高じていったことになる。

となると、この担任のあり方についても、多面的な議論を避けて通ることはできない。

担任のM先生は「屈指の怖い先生」ということだが、「怒ったらメッチャ怖いけど、自分たち生徒の気持ちをよくわかってくれる先生」というケースが、現場では決して少なくない。

ところが、M先生は自分の至らなさを棚に上げて、生徒を叱り飛ばすタイプのようだ。

「困っていることがあっても相談しにくい先生」「生徒の話を聴いてくれない先生」ということになるだろう。

いや、この点については、本時の授業のなかで生徒自身が「M先生の担任としてのあり方」について、率直な意見を多角的に述べるべきである。

じつは、この教材の核となる話題は「カンニング事件」にある。漢字の小テストの時間、いじめの中心的存在である「私」は書けない漢字が二個あった。隣の席のT子は答案用紙に、その二個を書いていた。私は「それっとばかりに」カンニングをした。

後日、答案が返されるとき、M先生は私をみんなの前でほめた。

「イチノへ（私の姓）、よく頑張ったな。満点はお前一人だけだぞ」

私は少し後ろめたさを感じつつ、満足感に浸る。そしてT子の答案を見ると、九十八点。間違いは一個だけ。実際はT子が最高得点だったのだ。

ところが、T子の点数を知ったまわりの男子たちは「イチノへの答えを見て書いたんだろう」「お前が九十八点も取れるわけがねえよ」と、はやし立てる。

そのとき「私」も迎合する。あろうことか、次のようなことばをT子に浴びせる。

「やっぱり、おめえは私の答えを見だんだろう。見だに決まってる。ずるいと思わねえのか」

その場でT子は涙を流し、叫ぶ。

「私をどこまでいじめれば、みなさんは気が済むの！」

そして、卒業式の夜。「私」はT子の卒業文集を読んで枕を濡《ぬ》らす。

「……私が今一番欲しいのは母でもなく、本当のお友達です。そして、きれいなお洋服です」

いじめの中心にいた筆者の三十年余り前の実体験。それをリアルに綴《つづ》った文章である。

いじめる人間、いじめられる人間。両者の内面に深く入り込んで「いじめ問題」について考え抜くための教材だ。が、いじめを生み出す土壌・環境についても看過することはできない。

T子の置かれた家庭環境をどう理解し、周囲の生徒がそこから何を学ぶべきか。

そして、もう一点は「最大の教育環境」といわれもする教師のあり方だ。

「満点はお前一人だけだぞ」と、無神経なことばを発する担任。その存在をどう読み解くか。

この二つのことにもっと着目すべきではないだろうか。

「道徳の指導法」や、いかに

大学で「道徳の指導法」という科目も担当。その授業の第二回、学生（一八三名）に「この時間、特にどのようなことを学びたいか」、アンケート用紙に自由に書いてもらった。主だったものを紹介してみよう。

「一つの正解がない授業なので、とても教えにくいのではないか。だから、その指導法を学びたいと思う」

「たくさんの意見が出たとき、授業の最終ではどうまとめるのがよいか」

「見方、考え方が人それぞれ違うなかで、道徳科では何をゴールとする授業をするのか。何をゴールにすべきか」

これら三つの問いは、今日の教育現場でも重要な課題となっている。

「道徳を教えること」そして授業の終盤で「まとめること」。これが教師の仕事であり、それをどのようにすればよいのか。この質問については、まず、その発想自体を問い直すことが必要ではないか。大学の授業で実際に「読み物教材」を使って、体験的に学んでもらうつもりだ。教師による「善意のまとめ」が、学習者に押しつけがましいもの、空々しいものとならないためにはどうすべきか。この点が重要なのだ。

「道徳科では何をゴールとする授業をするのか」

この問いも大切にしたい。学校ではほとんどの教科の授業で毎時間、「一定のゴール」がめざされている。「○○がわかる」「○○ができる」というゴールだ。では、道徳の授業も同様に、ひたすら全員が一定のゴールをめざすべきなのか。そして、ゴールに達しない者は補充学習を受けるべき対象とされるのだろうか。このような問いかけを通して、道徳を「国民を統治するための小道具」にしてはならない、という意味ある気づきを学生たちに期待したいものだ。

一方、ｗｈａｔ（なに）疑問文をアンケート用紙に書く学生もいた。

「道徳とは何なのか」「道徳の本質は何かについて学びたい」「道徳を学ぶ意義は何なのか」などがそれだ。

これらは「大きな問い」であり重要なことではある。が、道徳科の授業づくりをいかにおこなえばよいか、具体的に考えを深めていくなかで自分なりの納得解を探り出してほしいものだ。

生物学者の福岡伸一《ふくおかしんいち》さんが、自分の名前を冠した『動的平衡』という新聞コラムを長年連載していた。そこに「なぜ私たちは存在するのか、なぜ地球はこんなに豊かな生命の星になったのか」など、ｗｈｙ（なぜ）疑問文について書いていたことを思い出した。

「大きな問いに答えようとすれば、答えは必然的に大きな言葉になってしまう。大きな言葉には解像度がない。たとえば『世界はサムシング・グレイト（偉大なる何者か）が作った』のように。それは結局、何も説明しないことに限りなく近い。」（朝日新聞二〇一八年六月七日）だから、「大切なことは解像度の高い言葉で丹念に小さなｈｏｗ疑問を解く行為に徹すること」だという。

「道徳とは何か」などのｗｈａｔ疑問も同様だ。ｈｏｗ（いかにして）疑問を「解像度の高い言葉」で丁寧に追求していきたいものである。

「どうすればこの時間を楽しく、かつ〝ため〟になる時間にできるか。指導法を学びたい」

「自分の授業ができる引き出しをいっぱいつくりたい。どうすればよいか」

「どうすれば面白い道徳の授業を展開できるか」

この三人のｈｏｗ疑問文はきわめて実践的だ。かつ、決して小手先のｈｏｗ ｔｏを求めるものではない。これらを切り口としながら「道徳とは何なのか」という大きな問いについての自分なりの解も探っていってもらいたい。

「道徳の授業をして『いい授業だ』と言われるようにきちんと色々学びたい」

この姿勢も見上げたものだ。実践的かつ意欲的な学びが期待できる。ただし、だれから「いい授業だ」と言われたいのか。それが問題である。

さらに、次のような問題意識を書く学生も多かった。

「いじめや差別がなくなるような授業がしたい。いじめの怖さや残酷さを伝えたい」

「人権や差別について、くわしく学びたい。今はどのような差別が行なわれているか知り、考えたい」

「人権の原点となったものについて学びたい。指導するときに人権の大切さを意識づけさせる方法についても学びたい」

これまで「道徳の時間」などに、人権問題について学んだ経験のある学生だからこそ書ける内容である。

「いじめや差別」を主題とした道徳科の授業を展開することは重要なこと。しかし、授業でどの内容項目を扱う場合にも、人権尊重・反差別という普遍的価値を基軸にすえることを忘れないでおきたい。

むろん、教材研究の際もそうである。

第四章　教師であることを愉しむために

これが学校というところだ

「打診」ということばは、いまや「定番ビジネス用語」になっているらしい。

かつてなら、お医者さんといえば首から聴診器を下げているのが定番のスタイル。だが、近ごろは診察室に入っても、ドクターはパソコン画面をにらみながら、患者とやりとりすることが多い。打診・触診というすべはほとんど使われなくなった。

打診とは先方の意向を伺うこととなり。ビジネス用語として、このことばは今後いっそう定着していくのだろう。

ところが、データばかりをにらむ傾向にあるのは、診察室ばかりではない。学校もそうなりつつあるのではないか。

数値化された子どもA、子どもB、子どもC……。あるいは、子どもAは○○○群、子どもBは△△△群、子どもCは◇◇◇群に属するなどと分類して、さも、それがその子ども本体であるかのように固定的に見定めてしまう。

口では「それはこの子どものすべてではない。あくまでも一面にすぎない」と言いつつも、「客観的なデータ」が何よりの「根拠」として優先視されてしまう潮流はますます強くなっていくばかりではないか。

当の子ども自身も、数値化されたデータそのものが、自分のすべてであるかのように錯覚して、自分という存在を固定視し、見限ってしまう。あるいは逆に虚栄の自己をかたちづくっていく。

そうではなく「生身の人間」としての結捺さん・翔太郎さん・梨佳さん……。このような観方、とらえ方が、学校こそ重要なのではないのか。子どもは毎日新しいのだ。

再三紹介するが、小西健二郎《こにしけんじろう》の『学級革命―子どもに学ぶ教師の記録―』（牧書店　一九五五年）に、次のようなくだりがある。

「ひとりひとりの子どもの爪を切りながら、わたくしは子どもたちの手が実にさまざまであることにおどろきました。それは当然のことなのですが、わたくしは土でがさがさに荒れた小さい子どもの手を見つめながら、学校で教室での子どもばかり見ていると、このひとりひとりの子どもたちを、一年生というワクに入れ、同じような子どもであるような錯覚にとらわれていないか。この手がこんなにちがうように、ひとりひとりの子どもの知能も能力もそして家庭も、すべて違っているのだ。このひとりひとりちがった子どもたちの生活や、本当の姿をしっかり握っていないで、どうしてひとりひとりを十分伸ばしてやることができるだろうか――などと、しみじみ考えました。」

子どもの爪を切るという「触診」にも近いすべを通じて、小西はわかったつもりになっていた子ども一人ひとりと出会い直していたのである。

小西が教師として生きたその時代に戻ることは困難なこと。しかし、今日、「生活綴《つづ》り方《かた》」を大切にしている教師たちは、一人ひとりの子どもの実像を綴り方からまさに多面的・多角的に読み解いて、つかんで、知って、寄り添いながら、子どもとともに日々を生きている。

一方、休み時間になると、子どもたちと一目散に運動場へ駆け出し、そこで思う存分遊び込む教師がいる。彼ら彼女たちもまた、一人の子どもが有する「多様性」や、小さな変化を肌身で直接的に鮮度高く感じとっている。

一人ひとりの子どもは、平面的なパソコン画面や座標上や一片のペーパーごときに納まることができない唯一無二の存在。生身の人間である。

近年、学校というところが、本物とじかに触れ合うというリアルな機会を急激に失いつつある。先日も「小学校の飼育小屋　消えるニワトリ」という新聞記事（朝日新聞　二〇二〇年二月一一日）を読んで落胆してしまった。

かつては、どこの小学校にも飼育小屋があり、ニワトリやウサギが息づいていた。しかし、近年、その姿が消えつつあるというのだ。動物アレルギーや鳥インフルエンザを案じてのことらしい。また、休み中の世話も課題のようだ。

実は私が小学校教員のとき、学級には「ミニデカ動物園」という活動チームがあり、ニワトリ・チャボ・アヒルなど十数匹を飼っていた。そこには不覚にも「授業中は消極的」「目立たない子ども」と見なしていた優子がいた。彼女は休み時間も、雨の日も動物の世話に励んだ。優子が小屋に近づくと動物たちはにぎやかに騒ぐ。

「優子は本当にやさしい子」「学校の帰り道ではよくしゃべる明るい子」「私たちにとって、なくてはならない子」と、仲間たちは彼女を絶賛し、敬愛していた。私の見る目が何と狭くて一面的で貧相なものだったか、子どもたちにまざまざと思い知らされた。

いまでも優子たちと四年に一度の同窓会がつづいている。

子どもそれぞれの持ち味がフルに生かせる多様な「持ち場」「お立ち台」のあるところ。それが学校という空間のはずだ。間口も奥行きも狭い空間は、子どもにとって窮屈なだけである。そこで発揮される力も、子ども同士の関係性も限定的なものとならざるをえない。

こちらの子どもを観る視角まで狭くなればコトはなおさら深刻である。

子どもが二回叱られた時代

四年に一度の集まりがあった。三二歳のとき、六年生を担任した子どもたちとの同窓会なのだが、彼ら彼女らはもうすぐ五〇歳を迎えようとしている。

今年も八月の中旬、いつもながらのお洒落《しゃれ》な高級料理店に集った。

「あのころは、家に帰って『きょう、学校で先生に叱られた』と親に話したら、親にまた叱られた。結局、二回叱られることになった」

一人がなつかしげに話し出すと、みんながうなずいた。

「そうそう。先生に叱られるようなことをしたオマエが悪い、と親によく説教されたよね」

「最近はまったく逆で、子どもをかばう親が多くて、先生も大変そう」

「ソノダ先生、いい時代に先生をしてましたね」

会が始まると、五分もたたないうちに話は弾み、互いが打ち解ける。

「ぼくもよく先生に叱られた。ソノダ先生は憶《おぼ》えてないと思うけど」

すると、横からつっ込みが入る。

「いや、それは先生に叱られるようなことをやったオマエが悪い」

こちらは笑顔でうなずくだけで、話が進む。

仕事も暮らしも、じつにさまざまな仲間たちだ。自営業、ＩＴ企業、廃品分別業、薬剤師、訪問介護、ゼネコン、医療事務……。しかし、何の遠慮もわだかまりもない。話は和やかにつづく。

「カガクチョウのこと、先生、憶えてますか」

大学図書館に勤める佳織が言った。

「もちろん。よく憶えてるよ」

当時、家庭学習帳のことを略して『家学帳』と呼んでいた。日記帳を兼ねた自由ノートなのだ。

「私は父がくれた古めかしい大学ノートを使っていたけれど、それがすごくいやでした。みんなはかわいいノートだったので。でも、ある日、先生が一言書いてくれたのがうれしかった」

どんな一言を書いたのか、まったく記憶にない。父親が神戸大学の倫理学の教授だったことは憶えている。彼女がその一言を教えてくれた。

「このノート、色が黄色いから、なぜか心が落ち着く、って先生が書いてくれたのです」

いまもそのノートを保存しているという。読みたくなったで、自宅に送ってもらうことにした。必ず返却するという条件付きで。

数日後、ノートが送られてきた。表紙はかなり日に焼けていた。一センチほどの厚さの大判ノートだが、全ページを一気に読んでしまった。

〈今日、名古屋コーチンのメスが卵を産んだ。ふつうの卵より変形で、長細い。どうして、あんな形になったのだろう。この前はおしりから変な卵のかけらみたいなフニャフニャのものを出すし、やっぱりカルシューム不足かしら。でも、卵を産むようになっただけでもよかった。優子によると、このコーチンはオスのコーチンと交尾しないで、白色レグホンとしてるらしい。その卵がかえったらどんなのかなあ。〉

この学年は五組まであって、一学級四一人という大所帯。各学級では文化活動が盛んで、ニワトリやチャボを飼っていた。エサ代を稼ぐために家々を訪ね歩いて廃品回収もおこなった。小高い山を造成して建てられた小学校で、大半が新興住宅地から通う子どもたちだった。佳織のノートに登場する優子は、ニワトリの世話にかけてはケタはずれに献身的な子どもだった。

ある算数の時間、優子をひどく叱責したことがある。理解できていないのに何食わぬ顔をして、その場をやり過ごそうとしていたからだ。

「エエかっこするな。約束がちがうやないか」

優子がどうして何食わぬ顔をするのか。それは本人の問題ではない。担任、そして学級集団の問題なのだ。いまならそのようにとらえることができるが、当時はあまりにも未熟。思慮に欠けていた。

彼女は声を立てずに泣いてしまった。そのあとだった。休み時間、女子四人がやってきて、私を手厳しく叱責した。

「先生、悪いなあ。優子を泣かしたらかわいそうやろ」

「こんど泣かしたら絶対にただじゃあ済まないからね」

「優子は私といつもいっしょに帰ってる大事な人なんやから」

「私たちにとって、優子はなくてはならない子なんやからね」

優子は目立たない子ども。授業中は消極的でおとなしく、友だち関係も薄い。私の目には優子がそのようにしか映っていなかった。だが、子どもたちがとらえる優子はそうではなかった。

「とてもシンの強い子」「よくしゃべる明るい子」「優子はなくてはならない人」

教室という狭い空間で私がとらえていた子どもの姿など、ほんの一面にすぎない。

その事実も含めて、子どもたちに多くを教わり、叱られ、教師に仕立ててもらったのである。

優子の夫が営む料理店。そこでまた、四年後に開かれる同窓会が待ち遠しい。

その日は「大雨のち快晴」だった

電車のなかでうとうとしてしまった。

松阪《まつさか》駅で降りなければいけないのに、気がつくと近鉄特急は松阪駅を滑り出しているではないか、無情にも。

ウソでしょう……。寝ぼけまなこで立ち上がったものの、力なく座り込むしかなかった。

この日は、午後から三重県南部のK中学校で、全校生徒に講話。松阪駅でJR紀勢《きせい》本線の特急に乗り換えて、目的地へ向かう予定だった。

次の近鉄伊勢《いせ》市駅で降りて、松阪駅まで引き返そうか。引き返してもJR線の特急南紀《なんき》3号は、すでに松阪を出てしまっている。指定席券は、ただの紙切れ。後続の電車は二時間後しかない。

あせる気持ちより、不甲斐《ふがい》なさで折れそうになった。こんな失態ははじめてのこと。だが、悔やんでいる暇はない。一刻も早く学校に連絡をしなければ。

無理を言って、伊勢市駅まで車で迎えに来てもらうしかなかった。すぐさま電話を入れた。事情を話すと、T校長先生は気前よく承諾。

「伊勢市駅前で待っていてください。いまから一時間ほどかかると思います」

エッ、一時間？　ということは、学校に着くのが二時間後。講話の開始時刻直前ということになる。それでも間に合うことが救いだった。校長先生が仏に思えた。逆の立場のとき、そうしなければと心に決めた。

伊勢市駅前は、伊勢神宮・外宮《げくう》の門前町として古くから栄えている。参道を歩きながら、昼食をとる店をさがすものの決まらない。気が乗らないのだ。初詣の時期なら、このあたりはどこもかしこも人であふれ返る。店を選ぶ余地などまったくないはず。

気を取り直して、こだわりの深そうなパン屋に入った。よほど気がかりな客に見えたのか、店主がわざわざカウンターから出てきて、トレイを手に、注文する品をトングで挟んでくれた。「匠の一座」と書いた暖簾《のれん》のかかる店で、一口サイズの「姫にぎり」も購入。校長先生はきっと昼食もとらず、こちらに向かってくれているはずだ。

参道に置かれた床几《しょうぎ》に腰を下ろし、パンをかじりながら迎えの車を待った。参詣客がこちらを怪訝《けげん》な顔で見て通り過ぎる。だが、気恥ずかしさは生じなかった。

携帯が鳴り、あと五分で到着とのこと。一時間が早かった。落ち込んだ気持ちを引きずったまま、かなりの時間、参道周辺をぶらついたことになる。

校長先生は「姫にぎり」を口に運びながら、ハンドルを握った。春のような日差しに、南伊勢の山並みが美しく映える。気分は次第に回復しはじめた。

今回与えられた演題は「自分が幸せに生きていくための人との付き合い方」。

この学校には一〇年以上前から、毎年この時期に招かれる。三年生には三度目の講話となるため、重なる話は避けたい。車中、生徒の実情を聴いて、話す内容を部分修正。

ことばやLINE上で人を傷つけたり、傷つけられたり。人を不快にさせたり、させられたり……。多くの学校が直面している問題だ。これを「内輪もめ現象」と名付けて「パワーの無駄づかい」と断言した。ベクトルを外に向け、互いのパワーを「平和利用しよう」と提案。

そのためには活動の「めあて星」を見つけだすことがおススメ、と具体例をスライドショーで示した。

「そうすれば、仲間も自分も大事な大事な存在だと気づき直せます」

「パワーの無駄づかいなど、している暇はない」

生徒たちは身動きひとつせずに耳を傾けてくれた。こちらも「大雨のち快晴」の気分で、終始心地よく語ることができた。

話の結びに、どうしてもふれておきたいことがあった。障がい者の人権を侵害する言動。多くの学校で生じている課題のひとつだ。

これは質問形式にした。

「障がいを持っている人」

「障がいがある人」

この二つの表現は同じ意味なのか。違うのか。あらためて考えてもらった。

大半の生徒は違うというほうに手を挙げた。しかし、理由はまちまちだった。

「個人モデル」と「社会モデル」。これについて理解を深めることから、古い考えを捨て去り、自分はいまから何をすべきか、何をすべきでないかを明確にしてもらいたい。そう思ったからだ。

講話を終えると、生徒会長が謝辞を述べてくれた。その後、廊下ですれ違った三年生に感想を訊《き》いてみた。

「どの話もよかったです。とても深い内容でした」

数時間前とは大違いの気分にさせてくれた。

復路は乗り過ごすことなく、無事帰着。記憶に残る一日となった。

「第五の間」で遊び込む子どもたち

自宅の近くに小さな公園がある。鉄棒・ジャングルジム・ぶらんこ・すべり台など、遊具は一式そろっている。砂場もある。しかし、遊んでいる子どもはゼロ。

おかげで雑草は伸び放題。犬の散歩用の空間となっているため、看板には次のように記されている。

「公園は子供たちの大切な遊び場です。犬のフンは飼い主の手で始末を」

肝心の子どもの姿が見当たらないため、看板を読んでいても空《むな》しい気持ちになる。

もう一枚の看板にはこう書かれている。

「サッカー・野球などの球技をすること」「自転車を乗り入れること」「花火やたき火をすること」……。

おゝ、これは子どもたちを公園に誘い込み、活発な遊びを促すための看板か、と思いきやそうではない。最初の一行を見落としてはいけないのだ。

「次の行為を禁止します」

そうなのだ。看板のすべてが禁止事項なのである。これではますます子どもが寄りつかない。

時間・空間・仲間の「三つの間」が、子どもの生活から奪われたといわれて、もう四〇年近い。いやいや、それでも子どもには「第四の間」がある、としばらくは主張もしてきた。

第四の間とは「すき間」である。時間の「すき間」と、空間の「すき間」なのだ。しかし、この第四の間さえ、いまやモバイルゲームやスマートフォンなど、おとなの企業戦略によってすっかり占領されてしまった。

ある休日、ウォーキングのついでに、いくつかの公園に立ち寄ってみた。自宅近くの公園と何ら変わることなく、子どもの姿はなかった。だが、そこでふと気づいたことがある。それは公園の名称だ。

「○○中央公園」「○○第一公園」「○○第二公園」「○○北公園」……。

私が子どものころ、近所の公園は「○○児童公園」という名称が多かった。しかも、そこは自転車を乗り入れて痛快に遊べる空間でもあった。ボール遊びも楽しめた。一茶《いっさ》の句「雪とけて　村一ぱいの　子ども哉」ではないが、放課後や休日の児童公園はひと際にぎわった。活気がみなぎっていて、雑草など伸びる余地はまったくなかった。

少子高齢の時代である今日、「児童公園」と銘打つことが適切ではなくなったのだ。

犬の飼い主にマナーを守らせるために「公園は子供たちの大切な遊び場です」と、子どもを引き合いに出してはいるものの、公園内は禁止ずくめ。子どもが寄りつきたくなる魅力的な空間ではなくなってしまった。

いまに始まったわけではないが、子どもは公園からも道端からも水辺からも締め出され、戸外に自由遊びの場を失ってしまった。この夏も方々に出かけたが、車窓から見える大小の河川に子どもの姿はなかった。郡上八幡《ぐじょうはちまん》の吉田川に架かる新橋からの「飛び込み」が毎年恒例のニュースになっている。魚釣りをはじめ川での遊びは際限なく楽しい。だが、痛ましい水難事故を防ぐため、子どもだけで川遊びをすることは禁止されているのだ。

その「すき間」をねらい打つかのように、モバイルゲームやスマートフォンが侵出してくると、子どもたちはたちまちバーチャルな遊びの世界に囲い込まれてしまうことになった。そして、バーチャル空間という「第五の間」が、いまや子どもの生活に定着してしまったのだ。

時間の「すき間」を縫うようにして、第五の間で遊び込む子どもたち。

ところが、この遊びは時間の「すき間」をどんどん拡大させてしまい、依存症に陥る子どもが少なくない。アルコール中毒や薬物中毒に匹敵するほど深刻な事例も報告されている。

そのようなか、子ども一四人が兵庫県は家島《いえしま》諸島の西島で「スマホ断食」に挑戦したというニュースを目にした。ネット依存の子どもたちに、自然とたっぷり向き合ってもらうための企画だ。四泊五日の合宿期間中、一日一時間だけスマホを使ってもよい部屋が用意された。にもかかわらず、そこにやってきたのはわずか二人だけだったという。

島は、指先だけを使う小さな機器が見捨てられるほど野趣にあふれ、子どもたちを虜《とりこ》にしてしまったのだろう。この結果から学べることは多い。

リアル空間から締め出された子どもが、バーチャル空間に吸い込まれている現実。それを少しでも巻き返そうとする試みは貴重である。

島の生活から日常にもどった子どもたちの追跡も期待されるが、それぞれの地域で子どもとリアル空間をつなぐ「ひとボンド」の必要性を切に感じるニュースだった。

死刑囚からの手紙

二泊三日の検査入院。どの本を持っていこうか。書架を眺めながら、比較的読みやすい厚さのものを五冊選んだ。やや苦痛を伴う検査だけに、重すぎる内容は避けたかった。

そのうちの一冊『自分を育てるのは自分』（致知出版社）は、東井義雄《とういよしお》の一九八〇年代初頭の講演録。時代は異なるものの、東井が現在の私とほぼ同年齢のときにおこなった講演だけに、興味をそそられた。

愛知県岡崎市《おかざきし》で青少年向けに企画されたものだが、ことごとく事実が語られている。話の冒頭は、次のような紹介ではじまる。

「皆さんこんにちは。……日本海に面しました山の中からやってまいりました。バスの乗り場まで七キロばかり自転車を踏んで出ました。そこでバスに乗って、途中またバスを乗り継いで、山陰線に出て、というような山の中です。

今日ははじめて皆さんにお会いして、うれしく思います」

そしていきなり『遺愛集』という死刑囚Sの遺《のこ》した歌集について話し出す。牢《ろう》のなかで自分の小学校・中学校時代をふり返るものの、ほめられた経験など見つからないS。だが、ただひとつ思い出したのは中学校の美術の先生から言われた一言だった。

「絵はへたくそだけれども、絵の組み立て、構図はお前のが一番いいぞ」

そのことが急に懐かしくなり、ある日、牢獄から先生に手紙を出す。

「何のとりえもない僕ですが、せめて先生のお言葉を胸の中に大切に最期の日を迎えたいと思います」

しばらくして、先生夫妻から返事が届く。先生の妻がしたためた手紙には短歌が三首添えられていた。それに影響を受けたSは、短歌をつぎつぎに詠んでいく。

愛に飢えし死刑囚　われの賜わりし菓子　地におきて　蟻《あり》を待ちたり

「絵はへたくそ」という「凹」のなかに「構図はお前のが一番」と、自分の「凸」の部分を見いだしてくれた美術の先生。その一点をよりどころとして、Sは最期の日を迎えたいという。

人が発する一言。それが持つ力には計り知れないものがある。

子どもをほめなければ、という義務感や惰性のもとに、いくらことば巧みに話しかけたとしても、相手の内面には届かない。こちらが深いところでそう感じ取り、共感をもって語るとき、ことばは表情とともに生きて相手の内奥に届く。静寂な病室で、あらためてそう感じ入った。

検査入院を終えた日、その思いをいっそう強くした。次のような新聞記事を読んだからだ。

「私は来年一八歳」という書き出しで始まる高校生の投稿だ。彼女は塾へと向かう途中、九条改憲反対の署名活動をしている女性に呼び止められる。

「めんどくさいなー、なんで私に声かけんのかな」

正直、そう思ったという。ところが、その女性はこのように語る。

「おばさんは、あなたたちより先に死ぬけれど、あなたたちは、これからを生きていく。でも私たち大人は、あなたたちに戦争の起きる世の中に生きてほしくない」

そのとき彼女は「どきっとした」。

「私たちの未来のために、こんなに活動してくれているのに、その当事者である私たちは何をやっているんだろう。何もしなくて世の中がうまくいくはずがない」

この高校生の感性もたいしたものだが、彼女に語りかけた女性は立派である。伝えたいという一念が、ことばと表情となって、塾へ急ぐ高校生の足を止めた。気持ちまでとらえたのだ。

投書は次のように結ばれている。

「これからの未来を生きる私たちが政治に参加しなくてどうするのだ」（朝日新聞　二〇一八年

三月一七日）

高校生と「おばさん」が対面した時間はほんのわずかだったはず。しかし、時間の長短を超えて、ことばの力は人のこころをつかみ、みごとに動かしてしまう。

あまりの「劣化と退廃」に、絶望的になってしまいそうな時代状況ではある。だが、人が生きる街、そして市民の間には光も熱もまだまだ失われてはいない。

学校は新学期がスタートした。子どもの「凹」のなかに、「つぼみ」である「凸」。この一点の輝きを見つけ出して、それを育んでいくこと。これが私たちの仕事である。

自らがつぼみを照らす光源・熱源となれるよう顔を上げ、あきらめないで歩む意志もささやかな力も失わないでおこう。

「なぜ」「どうして」と問いつづける子どもを

年々、仕事に追われ、仕事以外の本を読みふけることも、近くの渓流で糸を垂れる暇も、三重県は尾鷲《おわせ》の海で地元の濵田船長、五味さん、下さんたちと釣り三昧という悦《よろこ》びからもしばらく遠ざかっている。ワーク・ライフのバランスは無残な状態だ。

放電ばかりで、充電生活がままならない日々がつづく。近年は走行中に充電をおこなう、エコが売りの電気自動車が開発されている。自分はカッコよくいえばこれに当たるのか。講演などワークの先々で、ご当地の人と出会い、ご当地の名物を食し、かろうじて充電できている。母親譲りのせいか、生来、所定の場所にじっと停《と》まっているより、あちこち走りつづけるほうが性に合っているようだ。

母親は家にいないことが多かった。世話好きな性分だったため、私が小学生のころ学校から帰っても「おかえりッ」と、迎えられた記憶はあまりない。隣近所の家に上がり込んで話しているか、町内外のいろんな役を引き受けて出歩いていることが多かった。とにかく社交的な母親だった。

そのような日常生活の歯車が、ある日、突如壊れてしまった。

私が六年生のとき。二月初旬、父親が急死した。六時間目が終了し、終わりの会が始まってしばらくすると、七組の先生が突然一組の教室に入ってきた。担任の田中先生と深刻な表情で話をしている。そのようすを見て「自分のことを話しているのでは……」と直感した。

「お父さんが具合が悪くなられたので、すぐ帰りなさい」

頭のなかが真っ白になった。不思議な気持ちを引きずって家に着くと、奥の部屋で父親は横になっていた。母は私の顔を見るなり絶叫。泣き叫びながら父親の額をしきりに揺さぶった。

父親が亡くなった悲しさより、母親の異様な姿が怖かった。当時、電電公社に勤めていた父は気分が悪くなり、午後に帰宅。母親が様子を見に行くと、布団のなかで事切れていた。脳溢《のういっ》血《けつ》だった。

母親は私と妹を育てるために、働きに出た。当初は内職をはじめたが、外に出たほうが気が晴れるといって、近くの靴下加工工場へ。その後、保険会社の外交員として遅くまで働いた。

家計は苦しかったと思う。小型のカラーテレビを買ったものの、月賦払いの集金人が夜、家にやってくると、留守を装って息をひそめたこともある。自転車の荷台に古新聞を積んで、商店街の佃煮《つくだに》屋へ売りに行ったことも鮮明に憶《おぼ》えている。高く買い取ってくれることを聞いてきた母親と、日が暮れてから、人目を避けるように自転車を押して運び込んだ。

妹は中学校を卒業すると働きに出た。高校に行かせてもらっている私は、授業料の減免を担任に申し出た。自分に手渡された払込用紙だけ、赤い線が何本も引かれていて、友だちに奇異な目で笑われたものだ。担任の配慮のなさを恨んだが、友だちに「笑うなヨ」という勇気はなかった。

高校三年生のとき、一方向的に恋い焦がれていた同じクラスのOMさんが、夕刻、何かの打ち合わせでわが家にやってきた。二畳ほどの玄関間で、灯《あか》りもつけずに一時間ほど話し込んだ。灯りをつけると、雨漏りでひどく傷んだ畳が目に入るのを避けたかったからだ。

「停電」　　　　　　　　五年　鞆　房子

停電の夜
あんな　ところに
トタンのあな
星のようだ

（足立巻一『子ども詩人たち』理論社）

鞆房子の持つ強い豊かな感性がうらやましい。

私は月賦の集金人が来ると、息をひそめるのがせいぜいだった。それだけに、子どもは大らかに育ってほしいという思いが人一倍深い。反骨心にあふれた大らかな子どもに。

借金とり　　　　　　六年　男

（略）「まてよ。あのおっさん、どうも借金とりくさかった。おかあちゃんがひとりだから、いじめられてないかなあ」

と心配した。

「ようし」

と思って、手ぬぐいで、ほおかむりして、ねずみ小僧のように鼻のところでむすんだ。そっと家のうらまで帰って来た。

「ここから屋根へ上がって、ようすを見てやれ」

と思って、かきの木にのぼって、屋根へわたった。（略）

（『灰谷健次郎の発言〈3〉』岩波書店）

ぜひ一度は全文をお読みいただきたいが、子どもの「楽天性」だけを評価して終わるのは問題だ。「なぜ」と、自分の生活現実を問い返し、「どうして」こんな借金をしなければいけないのか、社会のあり方について鋭く考え抜く子どもを育てたいものだ。

子ども本来の「楽天性」すら発揮しにくい窮屈さが社会を覆っている時代ではあるが……。

真夏の「新生ロード」に思う

「いつも、たのしみに読んでいます」

徳島県Y市での講演会。お盆休みの期間にもかかわらず、教育関係者が六〇名も参加された。台風一〇号が通り過ぎて、前日まで運休だったJR神戸《こうべ》線も本州と四国を結ぶ高速バスも運転を再開。おかげで予定どおり会場に入ることができた。

三つの自尊感情形成、人権を基軸とした道徳科の授業づくり、学級集団づくりの方法などを中心に「人権教育の実践　今とこれから」という演題で一〇〇分の講話。その後、質疑の時間になったところで中年女性の手が挙がった。発言の冒頭、月刊誌をかざしながら、毎回連載をたのしみにしていますと話された。

突然の賛辞に、飛び上がりたくなった。姿の見えない相手に、ひたすら独白をつづける孤独な営み。そのような連載稿に思いがけないリアクションをいただいたのだ。心が躍った。同時に身の引き締まる思いがした。

この夏前半は福岡に始まり、三重、兵庫、大分、福井、滋賀、島根そして徳島へと講演ツアーがつづいた。たとえば島根では安来《やすぎ》市から松江《まつえ》市へといった具合で、県内を移動しての講話が多いため、かなりのハードスケジュールである。

お盆明けも長崎から島根に直行。そして兵庫、三重、岡山とつづくため、阪神タイガースの八月長期遠征にあやかって、冗談交じりで「死のロード」などと称している。だが、各地で一生ものというべき出会いがある。さらには美酒美食との遭遇もあるため、実のところは刺激的で意義深い「新生ロード」なのだ。

講演後、一週間ほどすると「参加者アンケート」の結果が送られてくることが多くなった。どこもかしこもアセスメント社会である。

参加者による手書きの感想は、打ち直すだけでも手間のかかる作業だ。しかし、それを受け取るこちらの気持ちはいつもドキドキ・わくわく感であふれる。

人間ドックは自ら志願し、検診や検査を受けて結果を待つ。ところが、講演はあくまでも相手方からの依頼を受けてこちらが出向く。なのに、ご丁寧にも評価の結果まで届く。

しかも、アンケート項目として「講師の話の内容はどうだったか？」とある。その問いについて「よく理解できた」「まあまあ理解できた」「あまり理解できなかった」「理解できなかった」という選択肢ならまだしも、次のような選択肢が設けられているケースもある。

「とてもよかった」「よかった」「あまりよくなかった」「よくなかった」

この選択肢はこちらの講話自体に評価が下されるものであるだけに「自ら希望した人間ドックではないのになあ」と、つぶやきたくもなる。

その点、感想を文章化するアンケートの場合は参加者の息づかいまで伝わってきて、空しさなど一切感じさせない。それどころか、文章の一言一句をていねいに拝読。こちらが学ぶこと、感謝したくなることが多い。

たとえば、最近送られてきた感想文はこんな感じである。いくつかを紹介させていただくことにしよう。演題は「自尊感情をはぐくむ学校づくり」。福岡での講演である。

「学校教育の基盤に自尊感情の育成なくしては、子どもは育っていかないのだと改めて感じました。『三つの自尊感情』のお話は大変わかりやすかったです。特にガソリンタンクの例えはストンと胸に入りました。『存在の全肯定』(『生きていればよい』)……明朝、校門であいさつするときに一人一人の子どもを見つめて、子どもの存在を全身全霊で受け止めたいと思います」

「話を聞きながらずっと子どもの顔、親の顔が浮かんでいました。明日なんて言おうかな、とシミュレーションしました。言葉としてではなく、思いをどう伝えようかと考えました。考え方をもう一度整理し直すよい機会になりました」

「自尊感情を育む取組について、研修の中で、全職員で考えていかなければならないと思った。特に最後の人権教育と道徳の関連については印象的でした。自分の中ではまだ不十分な認識だったと反省させられた。今後の人権・同和教育の推進に生かしていきたい」

近年、人権教育と道徳科との関連性について関心が深まっている。自尊感情と道徳性は不可分の関係にあるため、講演のなかで必ずふれることにしているが、ここ数年でどのような実践モデルが創られるか。まさに勝負どころである。

それにしても、私の話を眼前の子どもの姿と重ねながら聴いてもらっていること。拙《つたな》い話を聴きながらも自分の実践をじっくり省察されていること。ときには同化しながら、ときには異化しながら、主体的に自己と対話し、深い学びに向かわれる聴き手の積極的な姿勢。それがびんびん伝わってきてならない。

総じて文章によるアンケートは「温《ぬく》い」ということだ。自己との深い対話が読み手の私にも生まれる。貴重なこと。ありがたいことだ。

数値化されたアンケート結果にそれは期待できない。

第五章　「つながり」を育み　授業を愉しむ方法

「みんなや先生が大好き」と言い切れる学級

小学三年生の子どもからこんな手紙が届いた。

〈いまから私のクラスのことを話します。人のいい所をとくに言います。

私たちのクラスは、日本一の学級をめざしています。合言葉は『ヒートアップ』と『力はついているものではなく、つけるもの！』です。私たちは、ゴミが落ちていたら拾ったり、人がしっぱいした時はドンマイ！などと言って、なぐさめてあげます。

さいしょはそうではなかったけど、先生がいろんなことを教えてくれるからです。私はそんなみんなや先生が大好きです。

こんどは四年生だけど、もっともっとヒートアップしていきます〉

『毎日小学生新聞』（毎日新聞社）にコラムを長年連載していた関係で、全国各地の小・中学生からさまざまな手紙が舞い込む。そのなかでも、宮崎《みやざき》市から寄せられたこの手紙は、学級づくりについて考えるための手がかりが豊かに埋め込まれていて、私の貴重な手持ち資料のひとつになっている。

簡潔な手紙だが、「感じのいい学級」のようすが伝わってきてならない。実際にこの教室を訪問したわけでもないため、こと細かな把握はできていない。だが、想像力を働かせながら、この学級の姿を独断で分析してみたい。そして、今日の学級づくりのあり方について考えていくこととしたい。

まず、子どもたちの前向きな姿勢がこの手紙から読み取れる。日本一の学級をめざしているという。いったい何の日本一をめざしているのか。その点は定かではない。だが、学級のなかに二つの合言葉が根付いていて、それが空回りすることなく子どもの間に共有されていることがよくわかる。担任の先生のふだんの思いが子どもたちに伝わって、いまや、この合言葉は学級目標のような機能を担っているのだろう。

ひとつ目の合言葉は「ヒートアップ」。すばらしいではないか。

担任は燃えている。しかし、子どもは冷めている。そのようなさみしい学級もある。また、学級目標の文言が長すぎたり、一〇条近くあるために、だれ一人全文を唱えることができない学級もある。目標が掲げられているだけで、単なる掲示物になっている教室もある。

しかし、この学級では「ヒートアップ」。その合言葉が子どもと子ども、子どもと教師の間に息づいている。

火付け役は担任だ。しかし、教室中が冷ややかな空気に包まれるのではなく、何事にも熱情的に立ち向かっていく。それを子どもたちがイメージできていて、そうすることの心地よさを実際にだれもが味わっているのだろう。

子どもはカタカナ言葉がお気に入りだ。そのため「ヒートアップ」という言葉に、より魅力を感じているのかもしれない。だが、それだけではない。「ヒートアップ」できるような授業や諸活動が、この学級・学校には多様にあるように思えてならない。

教師主導ではなく、子ども発のアイデアや、子ども参加の機会が尊重されている学級風土なら、子どもはいっそう自発的に「ヒートアップ」していくにちがいない。

子どもが自ら「する」学級文化活動

しかし、どこの教室にも「ヒートアップ」しにくい子どもはいるはずだ。ところが、この学級には勢いというものが感じられる。学級に動き（学級運動）があることが伝わってくる。

「ヒートアップ」したくない子ども、できない子どもに対して、周囲は過度に気を使ったり、放置や否定や排斥などをする場合もある。

だが、適度に気を配りながらかかわりを持ち、うねりをつくることによって「巻き込み」現象を生み出していく学級もある。それが学級集団の今後の重要な糧となっていくのである。

「こっち、おいで」「いっしょに遊ぼう」「どうしたん」「だいじょうぶ」「ドンマイ、ドンマイ」

このようなゆるい誘いかけや、肯定的なかかわりの有り無し。それがつながりをつくるための大きな分岐点となる。ゆるい誘いかけから、小さな波紋が生まれ、学級全体のうねりへと少しずつ発展していくことが大事なのだ。ここは大きなポイントといえる。

「オー、いい感じで誘いかけている。ホーッ、かかわろうとしている――」

そのように感心してしまう場面や光景。つまり、子どもの「きらめき言・動」に出くわす機会は日常的にある。その瞬間をこちらが必ずキャッチする。この貴重な「つぼみ」を見逃してはもったいない。

その事実を、その場で大絶賛。さらに、終わりの会でいつになく真剣な表情で子どもたちに伝える。また、感動の事実を切り取って、学級通信にありのまま綴《つづ》るのもよい。とにかく教師の思いや心根を子どもたちにまっすぐ届けたい。

「いや、ムリ。いまの学級では絶対にムリ。子どもたちにそのような『きらめき言・動』や温かさなどまったくない」

このように担任が打ちひしがれて、暗い気持ちになっているケースもあるだろう。

だが、「日本一」をめざしているあの学級だって、はじめから好調な学級ではなかったはずだ。担任から見れば、冷え込みの激しい、絶不調の学級だったのではないか。だからこそ担任は「ヒートアップ」という言葉を子どもたちに投げかけた。担任の深い願いをこめて、子どもたちに提案したにちがいない。

学級がどのようなきびしい状態にあっても、いや、絶不調、どん底状態のときこそ、担任はあえて子どもの「『きらめき言・動』見つけ人」になって、キャッチするためのアンテナを高く張り巡らせたいものだ。

「きょうこそ、『きらめき』を見つける。そのために学校に行くんだ」

それぐらいの心意気と開き直りのマインドをわすれず教室に入ろうではないか。

すると、光は必ず射《さ》してくる。こちらがアンテナさえ立てていれば、小さな「つぼみ」は必ずキャッチできる。もしキャッチできないなら、場を変え、表情を変え、移動アンテナをそっと張り巡らせよう。そして、やっとこさキャッチできたなら、その小さな「つぼみ」を子どもたちにハートフルに伝えたい。

だが、そのとき小声で遠慮気味に伝える必要はまったくない。

では、どのように伝えるのか。「四倍アナウンス」だ。この点については、後ほどくわしく述べることとしたい。

大切なことは「つぼみ」をつぼみのままで終わらせてはもったいないということだ。芽生え始めたつながりがいっそう進化を遂げていくためには、何らかの「すること」、つまり学級に活動・運動がなければ「こっち、おいでよ」「いっしょにやろう」などのかかわり言葉もつながろうとする姿勢もそう多く生まれることはない。

学校は子どもが「させられること」があまりにも多い。しかし、「すること」は少ない。「する」とは、どこの教室にもある日常的な当番活動に終始することではない。子ども自らの願いや要求にもとづいた魅力的で創造的生産的な「学級文化活動」である。教師が用意する参加型ゲームなどのアクティビティも、そのほとんどが「させられること」の範囲内であり、一時的なものだ。その点、学級文化活動は子どもたちが自ら持続的に「する」活動なのである。

教科系の学習が肥大化する一方で、子どもにとって、いや、子どもに限らず、いまや学校は「させられること」ばかりの空間であることが当たり前のようになっている。そのため、学級文化活動についてのイメージすら持ちにくくなっているのが現状なのかもしれない。

教師の「遊び心」と「仕掛け心」が欠かせない

学級文化活動とはいったいどのようなものか。これまで子どもたちの手によってどのような活動が展開されたのか。

その一端を紹介して、イメージをつかみ取っていただこう。

〈子どもたちが「学校でいちごを栽培したい」と言い出した。未整備だった教材園を自分た

ちで開墾。その過程では用地確保のために何度も校長交渉を重ねて、最終的に感動の用地を手に入れた学年がある〉

〈この学級には、用地獲得の経過を同行取材しつづける子ども新聞社があった。「なるべく日刊ニュース」と名乗る新聞社だ。緊張する校長交渉のようすを、学級の仲間にリアルに伝えるために休み時間も返上して記事を書く記者たち。校長先生にインタビューして交渉の感想を求めたり、担任のコメントも記事にする。放課後も新聞づくりに打ち込む子ども記者たちがいた〉

〈「イベント計画」と称するチームが結成された学級がある。キックベースボール大会を独自企画。開会式ではM子が朝礼台に立って主催者代表のあいさつをやり遂げた。担任の目には、申し訳ないことに「勉強がしんどい子ども」という側面が目立っていたM子。ところが、M子は学級文化活動の世界では異彩を放ち、メンバーからの信頼も厚かった。この活動がきっかけとなって、授業中も持ち味の粘り強さを存分に発揮。M子は教室で押しも押されぬ存在感のある子どもへと進化を遂げていった〉

このように創造的で生産的で自治的で、子どもたち自らが夢中になって「する」ダイナミックな学級文化活動。これらは悲しいことに今日すっかり影をひそめてしまったのではないか。ピンポイントでは息づいているものの。

その理由はいくつも考えられるが、今後の課題としてひとつ提案しておきたいことがある。

それは、この種の学級文化活動が広く見直されるためには、認知的な「学び」との接続・往還を追求することである。

小さな具体例を示すなら、いちごの栽培に力を注ぐチームは、いちご栽培に関係するあらゆる「漢字のプロ」もめざす。美味《おい》しいいちごを可能なかぎりたくさん収穫するにはどうすればよいのか。その必要にかられて、いちご栽培に関する本や雑誌を手に取る。そこでは知らない漢字に出くわすこともあるだろう。漢字だけでなく、施肥のためには、土地の広さに対してどれぐらいの量の肥料が必要となるか。計算力も必要になる。その一方、専門用語も理解しなければならない。「必要は『学び』の母」なのだ。

学級文化活動は広範囲の可能性がある学級運動である。たとえば「漢字のプロ」として、月に一回「学級漢字プロ大会」を主催。自分たちが習得した漢字力を学級のみんなにシェアするためのイベントであり、テスト形式で実施される。もちろん担任もそのテストを受検させられる。いちご栽培チームは「食い意地」だけで活動しているチームではないのである。

教科書の配列にしたがって学習をしていく教科カリキュラム。それに対して、子どもの生活や活動上の必要性にもとづいて必然的に学んでいく。これは経験カリキュラムといわれるものだ。経験カリキュラムからのアプローチによって、子どもが学ぶことの意味とよろこびを豊かに得ていくことはもっと重視されてよい。

そのためにはカリキュラム・メーカーとしての教師の「遊び心」と「仕掛け心」が欠かせない。現状においては、何よりも教師が精神的な余裕をもてる、動きやすい労働条件の整備が不可欠であることは言うまでもないが。

さらば！「係活動」「会社活動」

むかしからお決まりの「係活動」。昨今よく見かける「会社活動」。これらを、子どものニーズによる子ども発のテーマにもとづいた「プロジェクト・チーム」のスタイルへとアップデートしてはどうだろう。

子どもにとって、もっと魅力的で醍醐味《だいごみ》のある活動を追求したい。できれば学年ぐるみでチームを編成。それが急には困難なら、まずは各学級内でプロジェクト・チームを編成する。そして「こんな活動、はじめました」と、隣のクラスや職員室などにも子どもが新聞を発行して、活発な広報活動をすることも怠らない。

たとえば「いちごプロジェクト」「新聞プロジェクト」「生きものプロジェクト」「体力向上プロジェクト」「授業の魅力アッププロジェクト」「銀行プロジェクト」、さらには「ＩＣＴプロジェクト」など、子どもの「やりたい」「やってみたい」という願いや要求にもとづいたプロジェクト・チームをいくつか立ち上げて、活動を開始してはどうか。

「いや、そんな時間の余裕はない」という声がすぐに返ってきそうだ。が、子どもの活動意欲に火がつけば、また、いったん味を占めたなら、時間のすき間を子ども自身が見つけ出したり、生み出したりするものだ。「ニッチな活動」からスタートすればよいこと。

そのためには、先ほど紹介した他校の子どもの具体的な活動例を、教師が面白おかしく演出して、実況中継風に伝えることだ。ここでは「伝え方上手」になりきって、こちらが初期火付け役に徹する。学級文化活動の事始めにはそれが何より有効である。

各教科や領域とどう関連づければ活動時間がうまく捻出できるか。ここでこそ教師のカリキュラム・マネジメント力を、愉《たの》しみながら上手に発揮すればよいのである。

学ぶ意欲を喪失させられている子どもたちも、「立ち枯れ状態」と評されて久しい総合的な学習も、本来の生気を取り戻すことが期待できる。それが「学級文化活動」である。

何よりも重要な副産物として、この活動を通じてさまざまな「非認知能力」が豊かに育まれることは着目すべきところである。

（「非認知能力」は近年非常に注目されてきた能力概念。ＯＥＣＤではこれを「社会情動的スキル」という用語を使って「目標の達成（忍耐力・自己抑制・目標への情熱）」「他者との協働（社交性・敬意・思いやり）」「情動の制御（自尊心・楽観性・自信）」の三つに整理している。ＯＥＣＤ調査報告書「社会を発展させる力－社会情動的スキル」二〇一五年）

バーチャルな世界に偏りがちな現代の子どもが、直接いのちや土と向き合って多様な体験活動を積み上げていくことは貴重であり、重視したいことのひとつである。

さらに、この「学級文化活動」は、子ども同士が熱く豊かにつながるための重要なボンドでもある。その点については203ページでくわしく述べることにしたい。

教室で「血が凍るような瞬間」はないか

子どもの手紙に戻ろう。

二つ目の合言葉「力はついているものではなく、つけるもの！」。このフレーズも光を放っている。子どもにインパクトを与えること、まちがいなし。

思考力、表現力、活用力、コミュニケーション力、文章力、共感力、忍耐力、組織力、調整力、実行力……。

「力《りょく》」にはさまざまなものがある。今日の日本の教育は「○○力」育成の一点張りでもある。

私は「○○力」を育成したいなら、まずは「○○欲」の育成でしょう！　と主張しつづけている。「あの子みたいになりたい」「できるようになりたい」といった欲をいかにかき立てるのか。「力」を育成したいなら、「欲」の育成。これが先ではないのか。「学力」を向上させたいなら、「学欲」の向上を、と。

「力」は最初から備わっているのではない。学級の仲間とつながり、共に励まし合って、刺激し合って、学び合って、意欲をかき立て合って「ヒートアップ」しながら、個として集団としてつけていくものなのだ。自分が力をつけていくためには、仲間の力が必要であり、仲間が力をつけていくためには、自分の力が必要とされるという互恵性。それの大切さを、子どもたちはこの短い合言葉によって理解し、納得しているように思えてならない。

その結果が行動にも反映している事例が、手紙のなかに具体的に示されている。

「私たちは、ゴミが落ちていたら拾ったり、人がしっぱいした時はドンマイ！などと言って、なぐさめてあげます」

まず、ゴミのことについてだが、これは象徴的な事例として受け止めたい。

「あっ、そこに落ちているゴミ、拾ってくれる？」

教室に落ちているゴミを指差して、近くにいる子どもに頼んだとしよう。そのとき、次のような言葉が返ってくることはないだろうか。

「これ、自分が落としたゴミではありません」

血が凍るような瞬間だ。ひとつのゴミを、まさに「他人ゴミ（ゴト）」として一蹴する子どもがいる。そのような学級は、落ちているゴミの問題だけにとどまらず、つらい思いをしている人が近くにいても、自分とは関係のないこととして、冷淡に切り捨ててしまう傾向にありがちだ。手紙をくれた子どもの学級も、はじめはそうだったのだろう。

これはいじめや差別の問題における「自己かかわり感」が欠如した傍観者の立場と通底する。したがって、たかが「ゴミひとつの問題」ではないかと軽視せずに、注意深く、興味深くとらえておきたいものである。

次に、だれかが失敗したときの対応である。発展途上の学級集団では「心ない言葉」が平気で飛び交うことがある。人の失敗場面。これもまた、その学級集団の質、つまり仲間意識や人権感覚の育ちの現状が浮き彫りになる瞬間なのである。

「場」に出くわしたそのときがチャンス

では、たとえばゴミが落ちていても拾おうとしない子どもが多数を占める学級はどうすればよいのだろう。これは、そのような場面に出くわしたときが学習どきととらえるほかない。「ゴミを積極的に拾いましょう」と一〇〇回唱えるより、無情な事実に直面したそのとき、立ち止まって「あー、いま、悲しい場面を見てしまった……」と、教師の心情を全体に向けてしみじみ語ることから始めたい。

そして、ある日。子どもがさりげなくゴミを拾っている場面に遭遇したときには、通り過ぎてはならない。「いま、すばらしい場面を見てしまった……」と、教師の心情を全開にして、みんなに向かって晴れ晴れと語りたい。忙しさに追われていると、ついついマイナス場面ばかりに目も口もいってしまいがちになるのだが。

子どもの手紙には「人がしっぱいした時はドンマイ!などと言って、なぐさめてあげます」と書かれている。ということは、この学級も当初はそうではなかったのだろう。人が失敗したとき、「ドンマイ!」とは逆の、聞き捨てならない発言が飛び交ったのではないか。

そのようなときも同様に、「あー、いま、おかしいことがあった……」と。くれぐれも感情的にはならず、素の顔で子どもたちに伝えたいものだ。子どもたちは、立ち止まって考えるだろう。そして、このときこそ、つづけてこのように伝えたい。

「でも、力はついているものではなく、つけるもの! こんど、だれかが失敗したときには……、期待しているからね」

その時その場の事実から子どもに何を学んでもらうのか。どのようなマインドをはぐくんでもらいたいのか。眼前の事実の発生それ自体が「温《ぬく》い学級づくり」のためのチャンスであり、貴重な学習材なのだ。そう肝に銘じ、お説教臭さのない朗らかなメッセージを届けたいものである。

手紙には「さいしょはそうではなかったけど、先生がいろんなことを教えてくれるからです」とある。前の学期と比べながら、学級が進化しているようすを子どもたちも実感しているのだろう。

二つ目の合言葉は、われわれ自身が子どものことで愕然《がくぜん》としたり、我慢できなくなったとき、自分の気持ちを落ち着かせるための名言でもある。そうとらえておきたい。

子どもの言と動に明らかな変化が見られたとき、あるいは思いがけない「きらめき言・動」を見つけたとき、大事にしたいことがある。それは次の三つである。

その事実を機敏に①「キャッチ」し、②「価値づけ」て、そして子どもたちを称賛するために、③「四倍アナウンス」することをわすれないでおきたい。

一倍アナウンスでは弱い、もったいない。すべての子どもに届かないこともある。二倍や三倍ではなく、感動は四倍に膨らませて伝えたい。なぜ、四倍なのか。五倍以上になると、話を「モる」ことになる。だから四倍なのだ。四倍ならモることにはならない。なぜなら、四捨五入というではないか――。

「さすが、この学級。みんなはまちがいなく進化している。すごい。大したもんだ」

これで四倍だ。このように教師が一段と、いや四段とヒートアップして、熱く語ろうではないか。

その日、終わりの会で、子どもに次のことを提案したいものだ。

「この学級は四月のころとは大違い。みんなの気持ちがグングンつながっているから、感動！

こんなにすばらしいこの日を忘れたくない。そのために、きょう、この日を『学級記念日』にしよう。どんな名前の記念日にするか。それは、きょうの宿題！」

翌日、合議の末、仮に「一七日　ヒートアップ最高進化記念日」と命名されたとしよう。月に一度巡ってくるこの日は、学級がさらに進化しているかどうか、全員で確かめ合う日である。同時に、現在の課題もていねいに共有し合う日として定着化させていきたい。しかも、その日は「宿題ゼロ」。このスペシャルな「おまけ」も奮発したいものだ。

「枝豆型学級」と「豆腐型学級」

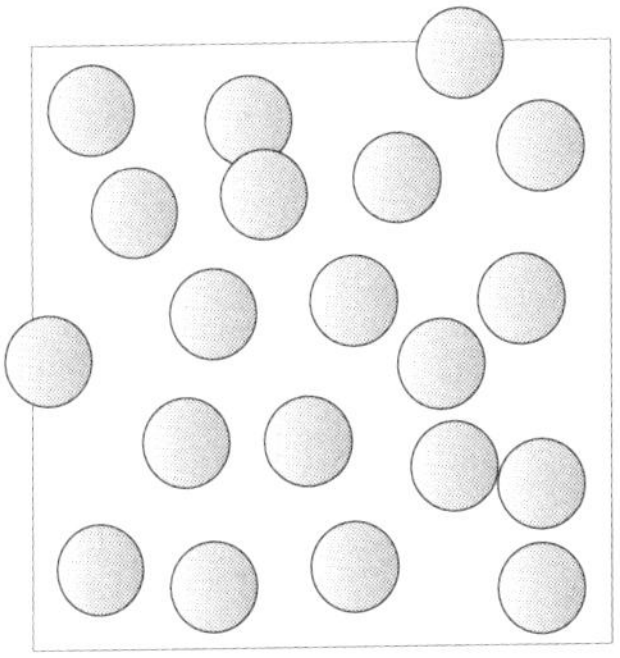

大豆型学級

つながりの弱い学級。仲間意識が希薄な集団。これは節分の豆のごとくバラバラの「大豆型学級」である。「エレベーター集団」ともいえる。互いが無関心で、よそよそしい関係にある。しかし、図のように学級全体がバラバラ状態で、子どもたち一人ひとりがカプセルに閉じこもっているという姿は稀《まれ》なことかもしれない。

多くの場合は孤独に耐え切れなくなって、ついつい特定の者同士がくっつき合い、閉鎖的なグループをつくりはじめる。いくつかの小グループがあちこちに生まれて、トイレに行くのも、理科室への移動も同じ顔ぶれ、いつもべったり。このような状態は「枝豆型学級」と名付けられる。

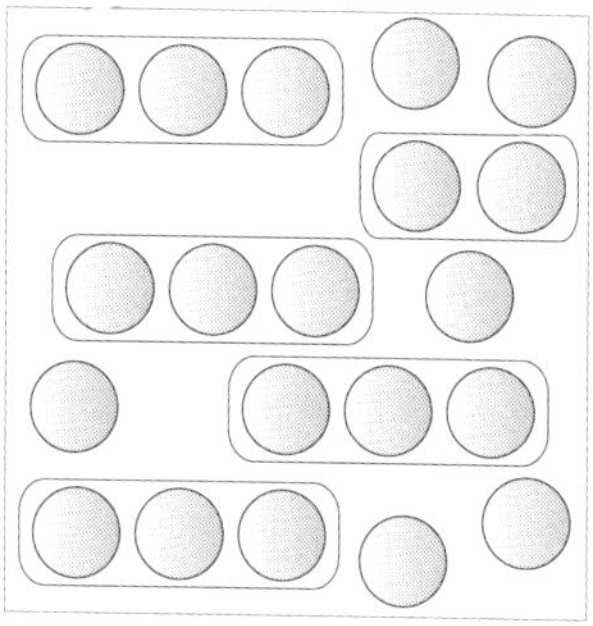

枝豆型学級

「枝豆型学級」の状態が放置されていると、やがて重層構造化してしまう場合がある。似た者同士が小集団をつくり、異質を排除しながら閉鎖的に固定化。これがさまざまな力関係によって上下関係を有した層と化す。「学級カースト」と呼ばれる様相とも重なる姿だ。学級集団としての創造的で生産的な躍動感も、解放感も見られないため、これは沈殿状態の「枝豆型学級」といえるだろう。なかには孤立したり、取り残されたままの子どもも存在する。

あゝ、これではいけない。なんとかしなければと、教師にあせり心が出てくると、ついつい声を張り上げてしまう。

「きみたちは『大豆学級』か。いや、『枝豆学級』だ。いやいや、『沈殿学級』ではないか。これじゃあダメだ。最悪だ。こんなの学級ではない。学級とはまとまることが大事だ。みんな、もっと仲良く、まとまりなさい！」

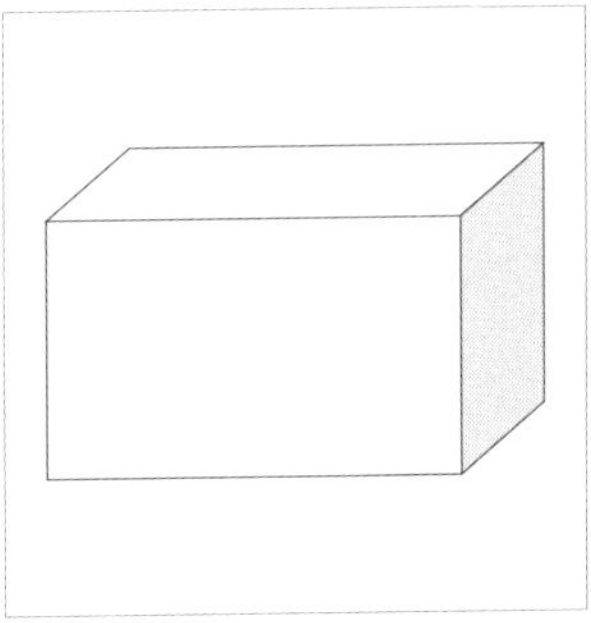

豆腐型学級

このように限りなくお説教に近いことを毎度々々聞かされると、子どもたちは担任がウルサイものだから変わりはじめる。ひとかたまりの四角四面な「豆腐型学級」へ。

「豆腐型学級」は一見まとまりのある集団に見える。このような状態を、しめしめ、ありがたいと思う教師もいるかもしれない。

「みんな、よくまとまってきたね。すばらしい学級になってきました！」

「豆腐型学級」は、教師にとって「持ちやすい」「扱いやすい」「よい学級」なのかもしれない。自分の指示が一声で通るように感じるからだろうか。

学級は「まとめる」ものなのか

「この学級はよくまとまっている。いいクラスだ」

「あの学級はぜんぜんまとまりがない」

このようなことを口にしたり、耳にすることはないだろうか。

ここで「まとまる」ということについてあらためて考えてみたい。

広辞苑《こうじえん》によれば、「まとまる」とは「望ましい状態で成就する。完成する」とある。学級づくりにおいても「望ましい状態で成就」ということなら願うところである。とくに問題は感じられない。ただし、だれにとって望ましい状態なのかが問題である。もちろん子ども・教師の両者にとってであろう。

ところが、広辞苑によると「まとまる」には、もうひとつの意味がある。

「ばらばらだったものが、一つの整った状態のものになる。ひとかたまりになる」

「まとまりのある学級」とは「ばらばらだった学級」が「ひとかたまりの整った学級」になることを意味するなら、これはまさしく「大豆型学級」の「豆腐型学級」化である。

「豆腐型学級」は画一化を強いられるために、子ども一人ひとりの表情は消え、持ち味も発揮できない。これでは瀕死の集団ではないか。同質化を強いられ、つねに拘束感ばかりでは、逸脱を試みたくなる者も出てくるかもしれない。子どもにとって居心地の悪い学級である。学級の存在自体がストレッサーになれば、教室は「居場所」とは対極の空間になってしまう。

このような「豆腐型学級」は特定の教師の前で、子どもたちがまとまったふりをしているにすぎない。ほかの教師の前では、元の「大豆型学級」や「枝豆型学級」状態。このような学級では、溜《た》まりに溜まったストレスが爆発するということもありえるだろう。

「豆腐型学級」は、表面上は整っているように見えても、中をのぞいてみるとバラバラ大豆状態。いや、すさまじい分裂と排除、教室弱者への抑圧が蔓延《まんえん》していることもしばしばだ。ところが、弱い立場にある子どもがつらい目にあっていても、外からは見えにくい。そのため、「よくまとまった学級です。いじめもありません。とても落ち着いた子どもたちばかりです」となってしまうこともある。

虚飾に満ちた「豆腐型学級」へと子どもたちを追い込んではならない。いつでもどこでも「豆腐」状態を求められるのは窮屈千万、息苦しいばかりだ。ただし、大縄跳び大会など特別の場合は話は別である。

「豆腐型学級」は教科の授業場面においても深刻だ。同調圧力が作用して、自分が本当に言いたい意見を控えてしまう子どもがでてくることも十分ありえるからだ。

いじめ問題に直面した場合においても、同調圧力に屈して、観衆や傍観者になり下がってしまう可能性を多分にはらんでいる。

では、どのような学級をめざすべきなのか

個としての粒立ちのよさ。これがさわやかに表出する学級。それでいて、他者と親和的につながっている熟成した集団。

つまりは、銀の糸でつながった「納豆型学級」である。これぞ、めざしたい学級ではないだ

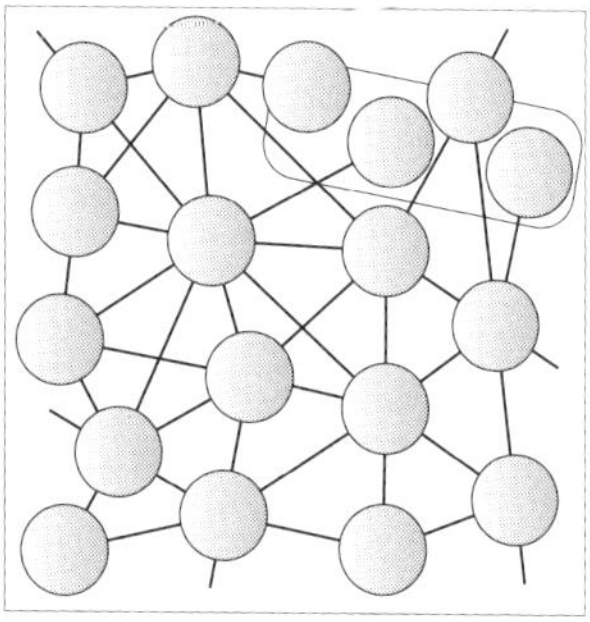

納豆型学級

ろうか。

「納豆型学級」は個が自立的で、互いのつながりが豊かだ。自治的でもある。それぞれの立場や思いを相互に承認し、尊重できる。つまり、一人ひとりが「自分の心と頭で考え、自分の判断で行動しようとする」ことも妨げない友愛の関係性を保っている。

自分の考え・判断・行動がよりよいものとなるためには、他者とつながる回路が欠かせない。いつでも気安く相談や話し合いや依存ができる。その回路がつねに多様にひらかれているなら、自己選択のもとに適切な考え・判断・行動を安定的におこなえるわけだ。このような自立的なつながりは、互いが居心地のよい関係性を持続することができる。

「納豆型学級」では、教科の授業場面でも、いじめや差別の問題に直面した場合でも、自分の意見を率直に発することができて、なお、他者の意見も真摯《しんし》に受け止める。安心感をいだくことができる快適な学級集団である。

では、「納豆型学級」のなかに、図のように一部「枝豆」状態が存在することをどう考えればよいのだろう。全員が「枝豆のサヤ」から脱すべきなのだろうか。

閉鎖的な小グループがいくつも存在する「枝豆型学級」。これは学級集団として活動するうえで、さまざまな問題点をはらみ、支障をきたすことも多い。しかし、閉鎖的ではなく、他者とのつながりがある、「ひらかれた枝豆」状態なら、これは許容されてよいだろう。

三人なり四人なりの結束による「枝豆パワー」。これが、学級集団に対してさまざまな刺激や活力や展望を与えてくれるなら、むしろ容認すべきものととらえたい。

「枝豆」状態にあること。そこだけに目くじらを立てて、その状態を無理に切り崩すことに精力を傾けるのは徒労である。

ひらかれた活動を通じて、「枝豆のサヤ」が自然消滅していくなら、それは歓迎すべきことだ。昆虫でいうなら脱皮である。そのような中期的な見通しをもって、子どもが個として集団として進化していく過程を愉《たの》しみながら見届けたいものだ。

現存する学級が「大豆型学級」「枝豆型学級」「豆腐型学級」「納豆型学級」と、単純に四分類できるとは思わない。これはあくまでもメタファーにすぎないのだ。しかし、子どもたちが「めざす学級」のイメージを視覚的に共有するためにも有効な例示ととらえてはどうだろうか。

学期のはじめ、あるいは半ばに担任が四つの図を黒板に書いて、一席ぶってはどうか。

「みなさんは大豆学級、枝豆学級、豆腐学級、納豆学級の、さて、どれをめざしたいですか、考えてみましょう。もちろん先生は、豆腐学級をめざす。豆腐学級はイチオシ。だって、先生のどなり声ひとつで、みんながシーンとなり、一斉にこっちを向いてくれる。これほど気分のいい学級は世の中にない……」

このように冗談も交えながら、子どもと愉しみながら学級イメージを共有する時間を設けてはどうだろうか。学級という集団を客観視できるよい機会となるにちがいない。

子どもがつながるために必要なもの

では、つながりが希薄だった「大豆型学級」「枝豆型学級」が徐々に進化しはじめて、子ども同士が自立的で互いにつながる「納豆型学級」へと向かうためにはどうすればよいのか。

その答えは明白だ。「つながるためには『つなぎ』が必要」ということ。「つなぎ」すなわち「ボンド」がなければ、つながらない。

これまでの教育活動をふり返って、子どもたちが「納豆型学級」のごとく、いい感じでつながり合っていた、といえる光景を思い起こしてもらいたい。

そこには必ず、子どもがつながるための有意な「ボンド」が存在したはずだ。その「ボンド」を介して、子どもたちはつながりを深めていたのである。先ほど示した「納豆型学級」の図。そこにある直線部分。これが「つなぎ」であり「ボンド」と考えてよい。

では、「ボンド」にはどのようなものがあるのか。大きく三つに整理しておきたい。

〈1〉ひとボンド

ひとボンドとは、教師または子ども自身が「ボンド」の役割を果たすことである。毎朝、教師が子どもに「なぞなぞ」を一問出して、みんなで盛り上がる。あるいは、「よい子の読書放送」と名付けて、本の読み聞かせを五分間だけ実行。わずかな時間のため、「すると向こうから、怪しい人影が」といった、いい場面のところで急に中断。「つづきは明日のお楽しみぃ――」と、もったいぶって終わる。まさに「エエとこ止め」である。このとき担任の存在は「ひとボンド」そのもの。子どもからブーイングが聞こえてきたら大成功である。

車いすを必要とする子どもが、遠足を欠席するという。コースが険しいためだ。それを知った子どもたちが、途中の難所をどう対処すればよいかなど、知恵を絞り合い、保護者・担当医をも説得。当日は見事、全員参加でコースのすべてをクリアしたことがある。このようなケースは、特別なニーズをもつ子どもの存在が貴重な「ひとボンド」になって、互いの仲間意識を深め合ったことになる。

〈2〉文化ボンド

文化ボンドは、次のとおり五つ挙げることができる。

① ゲームや遊び

参加型ゲームなど、多くの学校でも取り入れているさまざまなアクティビティ。これらは手軽なインスタント・ボンドである。また、オニごっこやドッジボールなども工夫すれば楽しい文化ボンドになる。

② 事件やできごと

算数の時間。順番に計算問題の答えを発表していく。佐知子の番になったとき、少し間が空いた。考えていたのだ。そのとき、大介から心が凍りつくような声が上がった。

「こんな問題、わからんかったら、もうオシマイやな」

さて、このようなときどうするか。時間に追われていると、こちらから注意をして終わることが多いだろう。しかし、教師はあえて沈黙。子どもたちが思慮する機会、つながりが進化するチャンスが生まれたのだから。ところが、子どもたちから何の反応もない。そのような場合は、こちらから静かに口を開こう。

「いま、おかしいことが二つあった」と。

互いが無関心であったり、よそよそしい関係にある学級なら、ここは余計にこだわるべき場面だ。大切な算数の時間である。だが、三分間でも立ち止まって、子どもたちに考えてもらいたい。教師から叱りつけたり、お説教したりするときではない。

ひとつ目の「おかしいこと」は、おそらく子どものだれかが指摘するだろう。佐知子への問題発言が「おかしい」「謝るべき」と。そのとおりだ。ところが、「もうひとつのおかしいこと」については、どうだろう。互いがよそよそしい関係にある学級では、指摘できる子どもは出てこないかもしれない。だからこそ、この学級では考える価値があるのだ。

急きょ、「緊急学級会」の時間に変更して考え合うことも必要。また、次のような方法もある。

「みんな、よく考えているから話し合いをつづけたい。でも、いまは算数の時間。『もうひとつのおかしいこと』って何か。それは、きょうの終わりの会で意見を出し合おう。それまで自分たちで考えておいてほしいと思います」

このように事件やできごとも「文化ボンド」としてとらえたい。この場合は、正確には「負の文化ボンド」だが、「ピンチをチャンスに」「ピンチをボンドに」と、自分に言い聞かせ、現実と正面から向き合うことをわすれたくない。

では、「もうひとつのおかしいこと」とは、いったい何なのか。終わりの会で子どもたちに期待したいことだが、それは次のような気づきである。

「自分たちの学級の仲間である佐知子さんが、同じ仲間の大介さんからイヤなことを言われた。そのとき、先生にしゃべらせてしまった。自分たちは何も言わなかった。私は佐知子さんがいやがることを言ってないから、自分は関係ないからと思っていた。これが『もうひとつのおかしいこと』だと気づいた。先生に口出しされなくても、自分たちのことは、自分たちで解決しようとする学級にならなければダメだと思った――」

ここまで考え、発言してくれる子どもが出てくることを期待したいのだ。

「そこまではムリでしょう。それは教師の単なる願望にすぎない」

いや、そうは思わない。そこまで考えることができるチャンスが、いま、この学級では子どもたちの目の前に噴き出しているのだ。

今後もこのような場合、次の二点を押さえておきたい。

「子どもが人権感覚を高めるための重要な機会にしなければ」

「この事件・できごとを通じて、子どもが一段と進化するために学ぶべきことは何なのか」

■個の問題は学級集団の問題でもある

このように教室・学校で生じる事件やできごとは、個の問題と集団の問題、その両者を同時に胚胎《はいたい》している。

「大介発言」は許されない。だが同時に、それを何ら指摘もせずに放置・黙認・容認している集団にも大きな問題がある。

「言ったのは大介。自分には関係ない」「言われたのは佐知子。自分には関係ない」

このようなとらえ方が教室の空気になってしまうと、いじめや差別がはびこるのは時間の問題だ。同時に、教室で展開される「授業」も寒々としたものになるだろう。「お互いに他の児童に無関心なので、声掛けをしない。クラスの子の発言に対して無関心。反応が薄い」

このような状態では授業そのものが成立しない。

また、この教室この授業で修得される「能力」の質そのものが根底的に問われることになる。話を大きくしたいわけではないが、二一世紀のど真ん中を生きていく子どもたちに求められる「能力」とは何か。

この点についてはOECDの報告書が非常に示唆に富んでいる。

二〇〇三年に発表された「人生の成功・正常に機能する社会のためのキー・コンピテンシー」(DeSeCoプロジェクト 最終報告書)である。

めざすべき「能力」について、次のように鮮度の高いことばでシンプルに整理されている。ひとつは「個人の人生の成功」のための能力である。だが、それだけが「人生の物語を編む能力」ではない。もうひとつは「正常に機能する社会」の実現のための能力である。ここでいう「社会」を直近の「教室」に置き換えてはどうだろう。

この二つの能力の形成。それを現代教育の重要ミッションとしてわすれたくない。

三年に一度実施される「生徒の学習到達度調査」(PISA)は国際的にも注目されているが、

実はこの調査の大本になっている教育理念は、ここにふれた二つの能力形成を根幹としている。「個人の人生の成功」のための能力。これについては一応理解できる。個人の能力が諸格差によって抑圧されていることは客観的な事実だが。では、「正常に機能する社会」とはいったいどのような社会なのか。それはだれ一人取り残さない社会であり、持続可能な社会と理解してよいだろう。要は、個の自己実現（幸福）と、社会実現は切り離せない命題としてとらえることが重要なのである。言い換えるなら、「他者への人間的共感の完璧な欠如」が常態化した社会・学校・学級、そしてそのような子どもをつくってはならないと理解することができる。

これらのことをいくら一般論で熱く語っても、子どもには響かないだろう。頭の先で理解したつもりになるだけで、なかには抽象的なお説教に耳を傾けようとしない子どももいるはずだ。やはり「事件・できごと」という具体的な事実に直面したときこそ、それらについて生活実感を持って学び合える好機なのだ。これぞ重要な「非認知能力」形成のチャンス。このように自覚して、その局面局面でつながりを育む取り組みを重ねていきたいものである。

もちろん、事件やできごとは「負」の局面ばかりではない。痛快で感動的な事件・できごともまちがいなく起こる。そのような「正の文化ボンド」が生じたときには、打って変わって全員でお祭り騒ぎだ。大々的に盛り上がりたいものである。

③ 学校行事

すべての学校行事は、無難にこなすためにあるのではない。非日常的な行事は、日常性を打ち破って、新しい局面や関係性をつくり出すための絶好の文化ボンドである。つながりが日常的に希薄だった子どもAと子どもZ、あるいは閉鎖的な「枝豆」状態にある子どもたちが、新たなつながりを生み出すための非日常的な「仕掛け」。それが学校行事なのである。

④ 学級文化活動

りっぱな大根を子どもの人数の倍ほど収穫。隣の学級も大根と白菜が豊作だ。そこで「大売出し　大根一本100円　白菜150円」と書いたチラシを事前に配布。チラシづくりは子どもの父親が得意なパソコンで協力。参観日にやってきた保護者に販売して、大好評を得た学年がある。

また、子ども新聞社、クラス出版社、廃品回収事業団、子ども銀行、悩み解決塾、ICT熟達団体などのプロジェクトが立ち上がってくると、子どもたちは輝きだす。学級は活性化する。これまで経験してきた係活動や、スケールの小さい「会社活動」などとは比較にならないほどダイナミックで創造的生産的な学級文化活動が展開される。

そうなるためには単なる係ではなく、ビッグ・プロジェクトをいかに組織するかが学級文化活動のポイントになる。182ページで述べた「いちごプロジェクト」など、いくつかのプロジェクトのなかでも、とくに「新聞プロジェクト」すなわち「子ども新聞社」の日常活動が絶大な発信力を持つことが大きな決め手となるだろう。

「新聞プロジェクト」。これに結集した子どもたちが質の高い、シャープな新聞記事が書ける力量を備えてくると、すべてのビッグ・プロジェクトはいよいよ動きだし、学級文化活動の展望は大きく開ける。活動をサボっていたプロジェクトは、新聞記事で容赦なく書き立てられるからだ。一方、ヒートアップがめざましいプロジェクトは新聞紙上で大絶賛される。

子どもによる「学級自治」の確立には、きれいごとではなく、このような泥臭い構図が不可欠なのだ。

担任がプロジェクト活動の停滞を嘆いたり、子どもにお説教などをする必要もなくなる。いや、下手にお説教などすれば、その一部始終は翌日発行の「子ども新聞」に容赦なく書き立てられるだろう。

「先生、お説教するヒマがあれば、もっとヤル気の起こる、よいアイデアをそのプロジェクト・チームに提供すべきだ」などと。

このようにして学級に有力な「新聞プロジェクト」ができると、教室の情況や雰囲気はたちまち様変わりすることまちがいなし。まさに潮目が変わる。開店休業中のプロジェクト、停滞気味なプロジェクトは起死回生。たちまち活性化しはじめる。そのためには、やはり「子ども新聞」という学級メディアの存在とその活躍が必要不可欠なのである。

では、有力な「新聞プロジェクト」はどうすれば育つのか。そのためには、まず担任自身が子どもたちの活動意欲に火をつけるべく「教師新聞」を発行することである。これがなかなかおもしろい。たかが新聞一枚。されど、「一枚の強力紙つぶて」なのだ。それ自体が有効な文化ボンドの役割を果たす。

学級文化活動が白熱してくると、活動を進めるうえでのトラブルやいさかいは必ず生まれる。しかし、それは話し合えば必ず解決できる。そこから学ぶことも多くあり、前向きな議論はウエルカムだ。

また、夢中になって燃える創造的な「めあて」に向かって日々邁進《まいしん》している子どもたちに「いじめ」など生まれる余地はない。「枝豆のサヤ」も溶解しはじめて、プロジェクトごとに具体的なめあてを共有した活気あるチーム活動がビッグに展開されていく。

こうして学級文化活動に継続的に取り組んでいる子どもたちは、プロジェクト間で互いに有機的なつながりを維持して、チームワークのよい学級集団を形成していくことになる。

ここでプロジェクトのつくり方について、具体的な方法を述べておこう。おおよそ次の流れである。

①まず、「どのような学級をつくりたいか」（学級目標）を、学級会で定める。

②これらの学級目標を達成するために「自分はどのような活動をやってみたいか」（プロジェ

クト活動）を学級会で決める。その際、「こんな活動をした学級がある」と、教師が面白おかしく情報提供をおこなったあと、一晩考えてきて翌日に決めるのもよい。ただし、プロジェクト活動は自分が個人的に楽しむための単なる趣味的な「同好会」ではない。この点も確認したうえで、やってみたいプロジェクト活動をさまざま出し合う。最終的にプロジェクトの数は人数の関係で五～七本ほどに整理統合する。

③ 自分は今学期にどのプロジェクトに所属して、どのような活動を担いたいか。各自がみんなの前で意思表明して、人数調整をおこなう。このとき大事なことは、所属先の決定を顔ぶれや人脈など「ひと」で決めるのではなく、あくまでも自分が打ち込みたい「こと」（活動の内容本位）を優先させる。つまり、「ひと」より「こと」で結ばれるチームとなるよう子どもたちに伝える。プロジェクト・チームの編成や所属は学期ごとに更新。

④ 世界にひとつしかないユニークなプロジェクト名を各チームで決める。メンバーは四～五名が望ましい。一人一役の任務分担も決める。座席もチームごとにすれば利便性がある。

以上が文化ボンドとしての学級文化活動のあらましである。

なお、「どのような学級をつくりたいか」という学級目標は次の手順で決めるのも一案。だが、これは「ルールづくり」ではない。学級の方向性を定める重要な「レールづくり」なのだ。

① 子ども一人ひとりが「自分はこんな学級をつくりたい」という願い（目標）を書きだす。

理由も添えて、まず、みんなに発表する。

②自分の願い（目標）のなかでお気に入りのキーワードをひとつだけ選んで用紙に記入。

③キーワードが書かれた全員の用紙を黒板に貼りだす。

④ぜんぶで何条の学級目標にするかを全員で決める。仮に全三条と決まったら、よく似たキーワードを三つのグループに分類する。

⑤三つのグループごとに手分けして、それぞれキーワードを整理統合しながら、一つの条文に作り上げる。できた三つの条文を全員で確認し、最終決定する。

このような作業に子どもたちが手慣れてくると、調整は予想以上に早く進む。不慣れな子どもたちにはアドバイスを加えながら調整を進める。文言の加除修正や調整のために話し合いをする過程を大切にしたい。その過程で「このような学級を願っているのか」と、仲間の思いや願いを理解し、それの共有化が図られていくからである。

苦労の末に完成した学級目標その一例は次のとおり。

【ぶっとび目標】

第一条　先生におこられても、なにくそと思ってやるクラス

第二条　勉強をがんばり、遊びも目いっぱい楽しむクラス

第三条　自分の意見をはっきりといえるクラス

どれを第一条にするのか。順番の決定も子どもたちに委ねる。決定した学級目標は子どもたち全員の手で模造紙数枚に書いて教室に高々と掲示。そして学期ごとに見直しをおこなう。

では、ここで学級文化活動をはじめて体験した子どもたちはどのような感想をもつに至ったか。参考までにいくつか紹介しておこう。

・〈ぼくは活動をしているクラスと、していないクラスでは大きくちがいがあると思った。活動がないクラスでは、自分たちの遊びはだいたい次のようになる。

① グループができるが、その中の一人が仕切る。

② そのリーダーが何でも決めて、反対する者がいたら、また分裂する。

③ 分裂したら、その外れた者同士がこそこそ集まり、リーダーの悪口を言う。

こんなことではぜんぜんチームワークが生まれないが、活動というものを知ってから、クラスにチームワークが生まれ、とてもクラスが明るくなった〉（俊之）

・〈今までは二〇分休みとか昼休みとか、中庭でオニごっこばかり。でも、そのオニごっこが気に入らなかったら、一人ぼっち。ゴソゴソと教室で絵をかいていた。そのつぎの日、中庭でオニごっこしているのを見ていて、やりたくなってきたから『よせて』と言ったら、みょーにみんなから『きのう、やらへんかったやろ』といわれてしまう。けど、この学年になって活動をするようになってからは、ひとりのときがない。みんなで遊べるようになってきた。それに、ひまじゃないし、『きのう、やらへんかったやろ』とか、いやみなことをまったく言われないのでうれしい〉（美千代）

・〈わたしの今までを考えると、班分けや行動、学級会などのことは、ぜんぶ先生がやって、クラスのチームワークがめちゃめちゃで、パニック状態によくなりました。それが、今の学年になってパーッとクラスのふんいきやチームワークがよくなりました。今までなら活動なんて、ぜんぜんいろんなのがなくて、クジで班を決めてたし、学級会はみんな先生がしゃべり、議長も先生がやり、先生の授業の教え方もぜんぜんわかりませんでした。こんなクラスでした。それが最近ではちがいます。友だち、活動、授業、ぜーんぶ高学年らしくなって、学校に来るのがだんだん楽しくなってきました〉（杏子）

これらは高学年の子どもたちの感想だが、中・低学年・中学生もそれぞれの学年に応じた活動が十分可能であり、子どもともども愉しむことができる。学年によって子どものニーズ、規模や内容にちがいがあるものの、基本原則にそう変わりはない。まずは、「こんな活動をした学級があるよ」と、イメージが膨らむように子どもに投げかけることが肝心だ。いずれにしても学級文化活動は子どもたちに新鮮なカルチャー・ショックを与えることはまちがいない。

また、ここではふれなかったが、「生活ノート」「日記帳」「班ノート」なども「学級新聞」同様に子どもと子ども、子どもと教師のつながりを深める意義深い学級文化活動の一環であり、欠かせない文化ボンドとしてとらえたい。

⑤ 授　業

授業を通して子どもがつながる。それは授業そのものがボンドの機能を果たすということである。授業がつながりの場でなければ、子どもはいっそう分断されて、この分断がさらに学力格差を拡大してしまう。『ヨシト』など、人のつながりをテーマとした授業も大切にしたい。

ところが、授業が結果的に子どものつながりを断ち切る「裁ちバサミ」のような働きをしている場合もある。たとえば、教師が一方向的にしゃべるばかりの授業。子どもが互いに意見を述べ合ったり、対話を深める余地のない授業。これは「流れ星型授業」と名付けることができるが、このような授業は「わかること」「できること」の格差がますます広がってしまいがちである。それでいて教師は「みんな、わかりましたか」「はい、よろしいか」と、決まり切った押しつけことばを口ぐせのように発する。

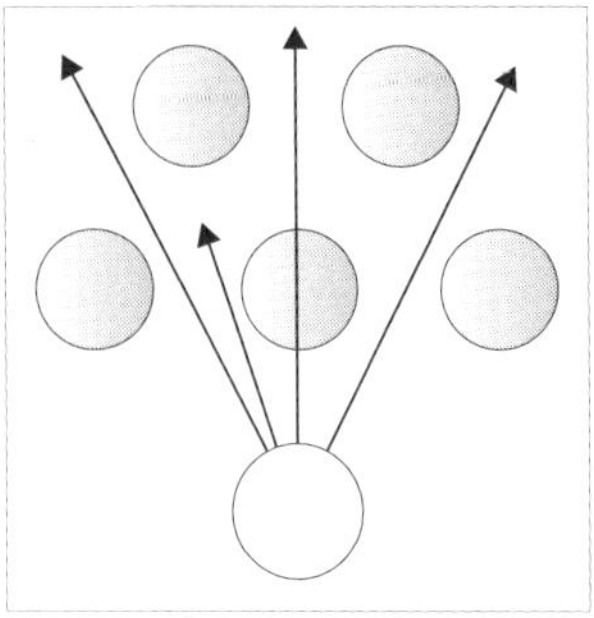

流れ星型授業

教師が発問。それを受けて子どもが発言する。しかし、教師対子どもの応答ばかり。子どもA対教師、子どもB対教師のワン・パターンの授業。子ども対子ども、あるいは子どもから子どもへとつながる場面がない。その結果、つねに教師が扇の要元に位置した閉ざされた授業。これは球技におけるパスワークの練習では「扇パス」と呼んでいるため、「扇型授業」と名付けることができる。タブレット端末を使った授業では、しばしば「扇型授業」に陥りがちである。そうならないような工夫が求められる。

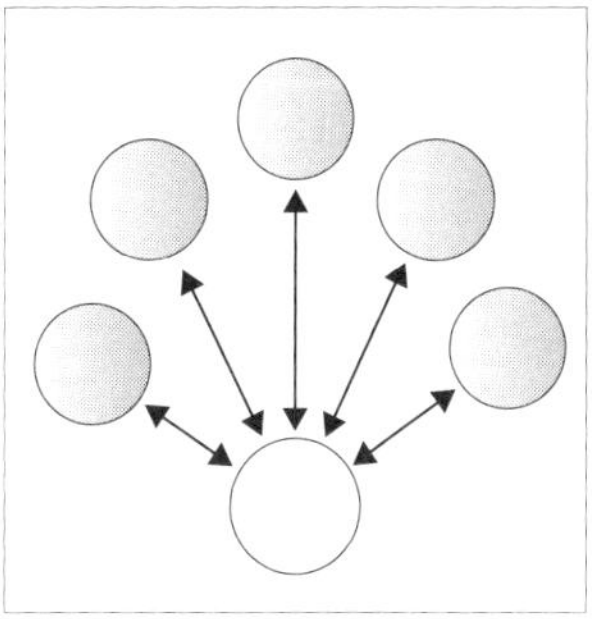

扇型授業

さらに典型的なのは、教師が「ほかにありませんか」「ハイ、ほかないかな」「ほか！」「ほかに！」などと、さも別の意見を求めるかのようなことばを連発する授業。「ほかに」ということばは、子どもと子どもをつなごうとするものではない。容赦なく断ち切ろうとすることば（切断語）である。教師にそのような意図がなくても、子どもには「ほかの意見を言わなければいけない」ように聞こえてしまう。また、その前に発言した子どもは、「ほかに！」ということばを聞いて「あゝ、みんなはもう次のステージに行くのか」という気持ちになるのではないか。

せめて、「つづいて」「つづこう！」といったつなぎことば（接続語）を使いたいものだ。もちろん、教師がわざわざ接続語を発しなくても、子どもが自然体で接続語を発しながら発言をつづけ、つながりと深まりのある授業をつくり上げたいものである。

「扇型授業」は教師と子どもの「一問一答」に終始してしまう。では、このスタイルを克服するにはどうすればよいのだろうか。

教師が「一問」を投じる。それに対して子どもAが「私は○○○だと思います。なぜかというと……」と、「一答」したとしよう。Aの「一答」に教師が飛びついて、「はい、そうですね」と相槌《あいづち》を打ちながら、すぐさま板書。そのような場面を案外よく見かける。しかし、授業は「早押しクイズ番組」ではないのだ。待ってました、とばかりに教師が飛びついてしまうと、そこで「一問一答」の授業が完結してしまう。

子どもAの「一答」。それが、仮にすばらしい内容だったとしても、そこは教師がぐっとガマン。役者性の発揮のしどころである。ふつうの顔つきで、軽くうなずきながら、しばらく間を置く。もし、子どもBと目が合ったなら、「Bさん。何か言いたそう。どうぞ」と水を向けるチャンスである。

「勇気一秒　かしこさ一生！」

そう励まして、Bに発言を促す。Bが沈黙のままなら、「じゃあ、お先にCさん。どう？

Aさんとまったく同じ意見？」

　このようにつないでいってはどうだろう。

　そして別の時間。教師の「一問」に対して子どもXが「一答」。すぐに飛びつかず、ふつうの表情で間を置いていると、Yが挙手、そして発言。つづいてZも自発的に手を挙げて発言。

　そのときには大絶賛したい。ここで授業はいったん中断。

「これまでの授業は一問一答式の『扇型授業』だった。なのに、いま、Xさんが発言したあと、Yさん・Zさんと三人の意見がつながった。これはスゴイ！　先生がしゃべらなくても、子どもの力で『三角形型授業』が実現。りっぱ！　さあ、つぎはみんなで何角形型の授業をめざそうか……」

　このように、ウキウキ気分で子どもたちを挑発したい。

「次は十角形型」

「いや、百角形や」

　そのように子どもたちがノッてきてくれたら、この教室のお先は明るく輝き出す。

「じゃあ、自分は何角形型をめざしたいか。手を挙げてもらいます。四角形型をめざす人、五角形型の人、六角

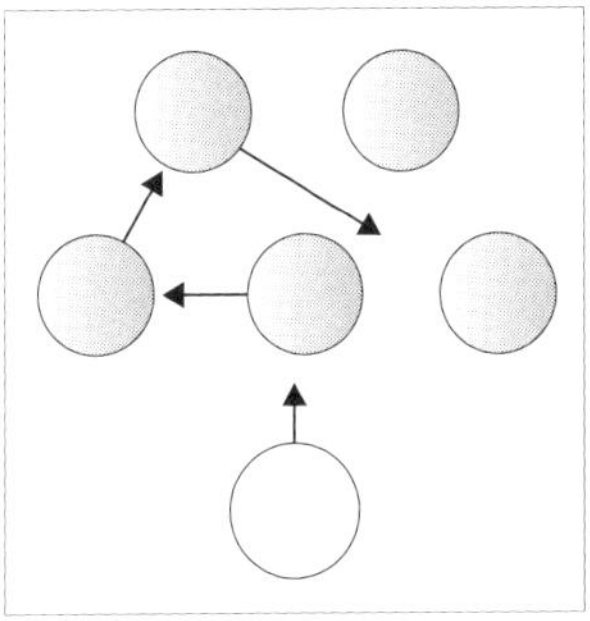

三角形型授業

形型……」

みんなに問いかけて、一人ひとりに決意のほどを表明してもらうのも大切なこと。

「いま、いちばん多かったのが十角形型授業だった。ヨーシッ、じゃあ、きょうからみんなで、まずはそれをめざそう。そして、見事に実現した日には、先生から『ビッグ・プレゼント』を差し上げたい！」

教師はこれぐらいのサービス精神を発揮して、子どもとともに授業づくりを愉しみたいものだ。ところで、ビッグ・プレゼントは何を？　私が常用したのは「宿題ゼロ」。だが、ニンジンをぶら下げるなんてよくない、と思われる方はフル・リップ・サービスをどうぞ――。

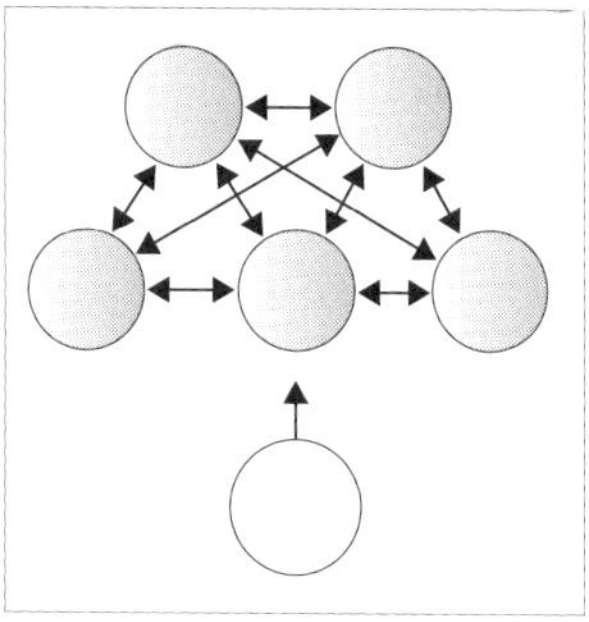

ダイヤモンド型授業

ひとつの発問を契機に、三角形型授業、五角形型授業、さらにはそれ以上の意見のつながりが生まれ、学びが深まっていく授業。これは名付けて「ダイヤモンド型授業」である。

「ダイヤモンド型授業」の成熟段階では、教師の発言は圧倒的に少なくなる。「では、始めましょう」「じゃあ、終わりましょうか」の二言。あとは板書に徹する。必要なときだけ黒板を指差しながら「この意見と、この意見は対立したままなんだけど」と、鋭いアドバイスを加えるぐらいである。静岡市のA小学校や、友人K先生の授業がその典型だ。本時の「学習のめあて」も子どもが提示する。前時の授業で課題となり、確認された内容を受けての提示である。もちろん発言者は、限られた子どもたちというわけではない。ほとんど全員が発言。沈黙を保っていた子どもも「ぼく、〇〇さんたちの意見を聞いてから、意味がぜんぜんわからなくなった」と、素直に意思を表出。名前の挙がった〇〇さんたちはあわてて詳細な解説を加える。このような場面を経ながら、最終的に全員参加の授業がつくられていくのである。

四人編成など少人数によるグループワーク。これは「ダイヤモンド型授業」を実現するためのスモールステップである。ひとつのプロセスととらえたい。だが、毎度同じパターン、同じ顔ぶれでおこなうグループワークは、次第に「役割」が固定化していき、学習者からすると学びの鮮度に欠けるという問題点が生じている。新鮮な風を吹き込んで、グループワークの質を向上させるために、私は「MG学習」（モデル・グループ学習）を提案している。しかし、これも「ダイヤモンド型授業」実現のためのビッグステップなのである。詳細は拙著『道徳科の「授業革命」人権を基軸に』のなかで実践例を挙げながら紹介している。

右の図を見て気づかれた方もおられるだろう。学級づくりにおける「納豆型学級」と、「ダイヤモンド型授業」は一連のものといえる。学級づくりと授業づくりの高度一体化をめざして、日々の取り組みを着実に重ねていきたいものである。

〈3〉第三のボンド

これは「立場の共有」「つらいことの共有」である。子どもと子どもが「ほんとうの仲間って、こういうものなんだ……」と実感できるつながりの形成。そのためには「あの子もそうだったのか……。自分と同じなんだ」と、理解を新たにする場と機会を大切にしたい。

子どもが置かれている「立場」。それは今日さまざまなものがある。とくに、子どもBと子どもYが、お互いの「社会的立場」がまったく同じであったり、似ていることがはじめてわかり合えたとき。その共有感は強い仲間意識をはぐくむ。わけても、直接「つらいことの共有」が相互に確認し合えたとき、両者のつながりはさらに大きく深いものとなる。

「つらいことの共有」という思いがけない体験は、子どもと子どもがつながるための最強の貴重な「文化ボンド」になる。まずはそのことを理解しておきたい。理解したうえで、教師が意図的に取り組む場合もある。取り組むべきときもある。ところが、こちらの意図とは別のところで事態が進行するということもある。なかなか一筋縄ではいかないものだ。生身の人間を相手にし、その関係性をも相手にする教師の仕事は容易ではない。じつに深い。限りなく深いのである。

じつは、32ページの「子どもに寄り添うという意味」でふれた「バンさんの日記文」には、次のような経緯がある。

三学期当初の学年会議で、子どもたちに「つらいこと」を書いてもらってはどうかということになった。この学年は五クラスあった。どのクラスも学級文化活動を中心にして、活気のある学校生活を展開していた。学年の音楽を担当するH先生は、子どもたちを評価して次のように話してくれた。

「四年生の子どもたちは活動的で、心が解放されている。それが合唱によく反映されて、私は毎時間の音楽の授業がたのしみでならないのです」

そのようなことを聴かされた私たちはうれしくてならなかった。まさに「うれしいことの共有」である。子どもたちが快活に育っている姿が自慢であり、懇談会でも話題にして保護者ともども「うれしいことの共有」ができた。

しかし、それだけでよいのだろうか。最後の学期を過ごすにあたって、子どもたちが仲間と「悲喜こもごもの共有」ができてこそ、心が解放された子どもたちといえるのではないか。その経験をくぐって、高学年になってもらいたい。学年会議でそのようなことを話し合ったのである。

そして一月中旬、学年一斉に「自分のつらいことを綴《つづ》る取り組み」をおこなうことにした。

しかし、この「取り組み」のときには、バンさんは自分の名前のことについてはまったくふれなかった。

ところが、三月の修了式直前に「先生へのおねがい」という日記文が書かれてきたのである。自分から「ほんとうのこと」を書こうと決心してくれたことはうれしかった。しかし、限られた日数のなかで、バンさんが自分のことをみんなに語り、「つらいことの共有」を実感してもらいたいという取り組みは難渋をきわめた。語ることを本人が強く拒んだからだ。思案の末に、「いまだから、みんなに伝えておきたいこと」と題した「最後の学級会」を開くことにした。修了式前日である。その学級会で事態は思いがけない展開をみせた。そして、その日からバンさんはみんなの前で「ばば・まさあき」になったのだ。

バンさんの母親も、本人から話を聴いて非常によろこんでくれた。だが、その背景には、ほかの仲間が「自分のつらいこと」を次々に語っていったこと。これが大きかった。それと、一月中旬におこなった学年一斉の意図した「取り組み」がバンさんの背中を押したのではないかと考えている。

バンさんのことについては、拙著『自尊感情が育つ元気教室』（解放出版社 二〇一六年）に詳しく書いたため、ここではその経緯をはじめて明かすことだけにとどめたい。

子どもがつながるための「三つのボンド」について述べてきた。

どれも目新しいものではない。そのような感想を持たれた方も多いだろう。たしかにそのとおりである。しかし、それだけ子どもたちの身の回りはボンドにあふれている、子どもたちはボンドに囲まれて日々の学校生活を送っているということなのだ。決して「目新しくないもの」だが、それらを子どもがつながるための「ボンド」としてあらためて価値づけたいのである。諸活動や諸現象をボンドとして再認識すれば、必ずやこれまで以上にこちらの意気込みも取り組む姿勢も変わってくるだろう。新しい風が巻き起こるにちがいない。すると、子どもたち一人ひとりの姿や特性もこれまでとはひと味もふた味も異なった、新鮮な目でとらえることができるようになるにちがいない。

さいごに——小西健二郎の教え

年々多忙化する時代にあっても、教師・担任という仕事をあくまでも「愉しむ」という一点、これだけは忘れたくないものだ。

「そうはいっても……」と、あれこれ愚痴をこぼしたくなる気持ちは共有したい。

しかし、そのようなときこそ、深夜、風呂上がりに、独りで鏡に向かって「いま、自分は仕事を愉しんでいるかしら。あゝ、いけない、いけない。もっと愉しまなくっちゃー」と、健全な独り言をつぶやいてみるのもよいではないか。

そして、次の朝は「気分スイッチ」を入れ直して、教室に向かおうではないか。

では、その朝、どのような面持ちで教室に入ればよいのか。この点について、私が敬愛してやまない小西健二郎《こにしけんじろう》先生は次のように述べている。

〈一日（授業）の出発を説教ではじめてはならない――だれかに聞いたのか、本でよんだのか、はっきりしません。ムシリとした顔で教室へはいらないように気をつけています。にこにこと、せめて普通の顔でいくように心がけています。〉

参考文献

・拙著『園田雅春流学級リフレッシュ術』明治図書　一九九九年
・上杉賢士・園田雅春『若い教師が元気の出る七つの提言』明治図書　二〇一〇年
・拙著『いま「学級革命」から得られるもの　小西健二郎の実践思想とスキル』明治図書　二〇一〇年
・拙著『自尊感情を高める学級づくりと授業』雲母書房　二〇一三年
・拙稿「子どもが自律しつながる学級の形成」『部落解放』六月号　解放出版社　二〇一四年
・拙著『自尊感情が育つ元気教室』解放出版社　二〇一六年
・拙著『道徳科の「授業革命」人権を基軸に』解放出版社　二〇一八年

園田雅春（そのだ まさはる）

1948年京都市生まれ。教育実践研究者。元大阪教育大学教授・同大学附属平野小学校校長（併任）。これまで大阪府高槻市立小学校教諭、大阪成蹊大学教授、びわこ成蹊スポーツ大学客員教授などを歴任。学級文化研究会代表。

〈主な著書〉

『道徳科の「授業革命」　人権を基軸に』（解放出版社 2018年）、『自尊感情が育つ元気教室』（解放出版社 2016年）、『自尊感情を高める学級づくりと授業』（雲母書房 2013年）、『いま、『学級革命』から得られるもの――小西健二郎の実践思想とスキル』（明治図書出版 2010年）、『学校はドラマがいっぱい　育てよう自尊感情』（法蔵館 2002年）など。

〈講演依頼の連絡先〉

解放出版社の「お問い合わせ」メールで連絡してください。

info@kaihou-s.com

「つながり」を育み 授業を愉しむ

2021年７月15日　初版第１刷発行

著者　園田雅春

発行　株式会社 解放出版社

大阪市港区波除4-1-37 ＨＲＣビル３階 〒552-0001

電話 06-6581-8542　FAX 06-6581-8552

東京事務所

東京都文京区本郷1-28-36　鳳明ビル102Ａ 〒113-0033

電話 03-5213-4771　FAX 03-5213-4777

郵便振替 00900-4-75417　HP https://www.kaihou-s.com/

印刷　モリモト印刷株式会社

ISBN978-4-7592-2041-4　NDC375.1　220P　19cm

障害などの理由で印刷媒体による本書のご利用が困難な方へ

本書の内容を、点訳データ、音読データ、拡大写本データなどに複製することを認めます。ただし、営利を目的とする場合はこのかぎりではありません。

また、本書をご購入いただいた方のうち、障害などのために本書を読めない方に、テキストデータを提供いたします。

ご希望の方は、下記のテキストデータ引換券（コピー不可）を同封し、住所、氏名、メールアドレス、電話番号をご記入のうえ、下記までお申し込みください。メールの添付ファイルでテキストデータを送ります。

なお、データはテキストのみで、写真などは含まれません。

第三者への貸与、配信、ネット上での公開などは著作権法で禁止されていますのでご留意をお願いいたします。

あて先

〒552-0001 大阪市港区波除4-1-37 HRCビル3F 解放出版社
『「つながり」を育み 授業を愉しむ』テキストデータ係

テキストデータ引換券
『「つながり」を育み…』
2041